業界最大手2社で
連続No.1実績の
プロが教える

マンション 戸建て 土 地 を売るとき

初めてでも損をしない

不動産売却のヒケツ

山本 健司
Yamamoto Kenji

サンルクス

はじめに

ひと昔前、派手なアクセサリーを身につけて高級車を乗り回し、ときには大きな声で人を威圧する、絵にかいたような不動産屋さんは少なくありませんでした。その頃と比べると、最近は少なくとも表面的には、不動産業界もだいぶ洗練されてきています。

地域に密着した不動産会社、年間売り上げ500億円を超える一部上場の大企業、その中間の中堅企業と、会社の規模こそまちまちですが、いまどきの不動産の営業担当者たちは、みんなスーツをパリッと着こなし、にこやかで、さわやかで、スマートです。法律やマナーを守り、怖いイメージもありません。お給料をもらって勤務する、ごく普通の会社員です。

不動産会社の社員の給料は不動産売買契約に伴う歩合給です。基本給はたいしたことがなくても、がんばって契約をたくさんとれば、収入はぐんぐん上がります。会社も業績アップに向けてノルマを掲げ、容赦なく営業職のお尻を叩きますから、土日はもちろん仕事ですし、朝だろうと夜だろうとお客さまの都合に合わせて、いつでも、どこへでも出向きます。家庭があっても家族サービスどころではなく、夫婦の時間もすれ違いがち。不動産業界に勤める人の離婚率は、かなり高いというのが実態です。

一般の人にはわからないことだらけの不動産業界

こうして、丁寧でスマートな物腰の現代の不動産屋さんも、気がつけば頭のなかは自分の売り上げをいかに伸ばすかでいっぱいになっていきます。しつこいと迷惑がられても平気、口当たりのよい言葉で事実を隠すのも平気。業界の構造的な問題が背景にあるとはいえ、お客さまの利益をどんどん二の次にしてしまう同業者が、何と多いことでしょうか。

かつて家は一生モノでした。しかし、人々の生き方や仕事のやり方が多様化した現在、家はライフステージに合わせて住み替えるモノだと考える方々が増えてきており、一度の人生における不動産の売買の機会も増加傾向にあります。しかしながら、不動産の売買には相変わらず複雑な手続きや、ブラックボックス的な商習慣などが数多くあり、業界以外の人間にはわかりにくいことだらけです。お客さまにとって、絶対に失敗できない高額な取引であるにもかかわらず、そこにつけこみ、お客さまの利益より、自社の利益を優先する悪徳不動産業者が後を絶たないのも、残念ながら事実なのです。

不動産を売る人がいる一方には、不動産を買う人がいます。ある人は思い出が詰まった住まいを手放し、またある人は家を買うことで、そこで始まる新しい生活を手にします。「家選び」は、まさに「生き方選び」です。そのお手伝いができる不動産業に従事していることを、私は誇りに思っています。だからこそ、業界の悪習や恥部を暴露してでも、不動産業界の体質を、真の顧客ファーストに変えたいと願っています。

不動産業の使命は、人々の幸せな暮らしを支えることです

不動産を売るということは、人生にそう何度もあることではありません。初めての不動産取引には、不安もたくさんあると思います。その不安を解消するためには、お客さま自身が、ご自分のライフステージを把握し、ライフス

タイルを考えて、どのタイミングでどんな行動に移ればよいのかを知ることが大切です。あわせて、不動産売買の基本的な知識もある程度は必要です。

こうした準備ができていれば、いざというとき、焦らず余裕をもって行動することができるでしょう。そこで、本書では、売主としてどういうことに気をつければよいのか、どんな準備が必要で、なにから手を付ければよいのか、最も重要な「頼りになる不動産会社の見極め方」をはじめとして、いくつかのポイントをわかりやすくまとめています。

私は、不動産会社とは単に不動産の売買を仲介するのではなく、売主さまと買主さまのニーズをつなぎ、不動産取引を通じて人々の生活の幸せをつなぐ、エージェントであるべきだと考えています。不動産業のプロとしての経験をもとに私が記したこの本が、みなさんの楽しく健やかな生活や夢の実現に、少しでも役立つことを願っています。

２０２０年１月８日　　山本健司

Chapter

3

売るべきタイミングと販売活動中の注意点

Chapter 4

物件の種類で売り方は変わる

Chapter 5

不動産会社は教えてくれない、知らないと損をする税金の話

Column

Chapter

1

頼りになる不動産会社の見極め方

1 不動産売却の落とし穴、「両手仲介」に気をつける

仲介手数料2倍という「両手仲介」のうまみ

不動産仲介会社の売り上げの大部分を占めるのは、不動産を売りたい人と買いたい人の間を取り持って得る**仲介手数料**です。営業担当のAさんが、不動産を売りたいというお客さまと、媒介（仲介）契約を結んだとします。その物件が5千万円で売れれば、Aさんの不動産会社は売主さんから、5千万円の3％＋6万円に当たる156万円（税抜き）の仲介手数料がもらえます。

ところがこの156万円の手数料を、2倍にする方法があるのです。売主さんと媒介契約を結ぶところまでは同じですが、さらに買主さんも自社で探

してくれれば、売主さんから156万円、プラス、買主さんからもまた156万円、合計312万円の仲介手数料が転がり込みます。

同じ不動産会社が、片手で売主さんとつながり、もう片方の手で買主さんともつながっている。これを**両手仲介**といいます。これに対して、売主さんとだけつながり、買主さんはまた別の不動産業者が仲介しているのが**片手仲介**です。

売主が二の次になりやすい両手仲介

売主さんから物件の売却を依頼され、自分で買手を探してくる両手仲介には、一見何の問題もありません。売主さんと買主さんの両方のために働いて、両方から仲介手数料をもらうのも、理にかなっているように思えます。

でも両手仲介には、ひとつ大きな問題があります。できるだけ高く売りたい売主さんと、できるだけ安く買いたい買主さん、この利益相反する二者を一度に抱える両手仲介には、はじめから無理があるのです。


片手仲介は売手に忠実。両手仲介は、売手と買手の間を行ったり来たり。契約させて仲介手数料を取るために、買手の利益をつい優先

両手仲介の場合

売主と買主の希望は
相反してしまう…
高く
売りたい
安く
買いたい
売主
買主

片手仲介の場合

高く！
お任せ
ください！
お任せ
ください！
安く！
売主
買主

また、売却の媒介では、誰にいくらで売れようが、売買が成立しさえすれば売主さんからは必ず手数料がもらえます。その状況でさらに買主さんからも手数料を取ろうとすると、担当者の心理としては、「安くてもいいから、とにかく買ってもらう」ことが先決となり、結果、売主さんより買主さんの利益を優先しがちになります。

少なくとも、売主さんのために真剣に交渉する気持ちは薄れるでしょうし、ときには買主さんの希望に沿うように、売主さんに値下げを〝助言〟してくることすらあります。なにせ仲介手数料の何%かは自分のボーナスになるので、営業担当者も真剣です。あなたのために動いてくれているはずの担当者が自分の都合で買手を優先し、いつの間にやら、あなたの利益は後回しになってしまう――これが両手仲介の大きな矛盾点です。

片手仲介であれば、売手も買手も、それぞれ別の不動産会社、別の担当者を介しますから、あなたの担当者にとってのお客さまはあなただけ。当然、あなたの利益を代表して動いてくれます。

両手仲介を狙わない会社と契約できれば、それに越したことはありませんが、

大手不動産会社でも、両手仲介の比率が50%を超える会社がゴロゴロ。
有名大手だからといって、信頼しすぎてはダメ！

そう都合よくはいかないかもしれません。もし契約しようとしている会社に不安があるときは、「ほかの不動産会社を介して買いたい人が現れた場合も、ちゃんと教えてくれますか？」と、担当者にたずねてください。両手仲介にこだわらないのであれば、「もちろんですよ」と快く応じてくれるでしょう。

まとめ

- **売買仲介には、片手仲介と両手仲介がある**
- **倍の手数料を得るために、両手仲介を狙う会社が多い**
- **両手仲介では、売主より買主の利益が優先されがち**

2 「囲い込み」という、ごまかしのテクニックに乗らない

物件情報を他社に隠して独り占め

不動産業界でいう**「囲い込み」**とは、売却物件の情報を自社だけで独占し、ほかの不動産会社の目から隠してしまうことです。なぜ、そんなことをするのでしょう？　そう、ほかの不動産会社が買手を見つけてしまうと、両手仲介ができなくなるからです。

不動産を売却するときは、その物件ができるだけ多くの人の目に留まるようにしたほうが、早くよい条件で成約する可能性が高くなります。

そこで不動産仲介業者が物件情報を交換する場として、**レインズ**※というコ

※**レインズ**　ほぼすべての不動産会社が利用する業者専用のポータルサイト。販売中の物件情報や成約事例が登録・共有されている

ンピュータネットワークシステムが用意されています。

ところが、自分のお客さまが気に入りそうな物件をレインズで見つけた不動産会社が、その販売を請け負っている別の不動産業者に連絡すると、「もう買いたい方がいますので」と、情報をブロックされてしまうことがよくあるのです。本当に買いたい人がいる場合もあるでしょうが、これまでの経験から、囲い込みである可能性が極めて高いと思います。

これは売主さんには残念な状況です。冒頭でも触れたように、できるだけ多くの不動産会社に物件情報を知らせて、不動産を探している人にできるだけ広く伝えてもらうほうが、買手は見つかりやすいのです。担当者はもちろん一生懸命に買手を探しているでしょうが、しょせん一社だけで探せる範囲は限られてしまうからです。

「なかなか買手が現れないなあ」と待ち続ける売主さんは、まさか担当者が物件情報を囲い込んで、ほかの不動産会社が買いたい人を連れてくるのを阻止しているなどとは、想像さえできないことでしょう。

囲い込みは両手仲介と表裏一体で、多くの不動産会社が当たり前に行ってい

▲
他社が買手を見つけてしまうと、買手からの仲介手数料も他社に流れる。

だから自分が持っている売却物件情報は、他社に紹介しない

ます。両手仲介は法令違反ではありませんが、囲い込みにより両手仲介を狙うことは、売主さんの不利益になります。大手不動産会社でも行われている場合があり、広く不動産情報を流通させて、自由闊達《かったつ》な取引と成約の機会を確保するという観点からすると、おおいに疑問だと私は思っています。

他社経由の購入希望を握りつぶす営業担当者

情報の囲い込みは、売主さんに対しても行われます。この場合、囲い込むのは「販売活動の本当のところ」です。

物件の情報を独占する囲い込み

ある売主さんがA社を介して、4千万円で物件を売りに出したところ、B不動産からA社に、「4千万円で買いたいというお客さまがいます」という申し出がありました。

しかし両手仲介でいきたいA社は、「別の契約が決まりそうだから」とウソをついて、売主さんに告げることなく申し出を断ってしまいます。そして自分で買手を探すのですが、4千万で買ってくれるお客さまは、おいそれとは出てきません。そこで売値を下げて買手を見つけ、さっさと成約に持ち込んでしまおうと考えます。A社の担当者は売主さんに言います。

「がんばっているのですが、4千万ではやはり買手はつきませんね」

売主さんは担当者を味方だと思っていますから、そんなふうに言われたら信じるしかありません。

「ここは思い切って、3500万で売ってしまいませんか？」とか、

「3200万円で買いたいという人が見つかりましたよ。月末までに契約してくれたら3500出してもいいと言っていますが、どうしますか？」

などとあおられて、売主さんは仕方なく3500万円で売却を承諾してし

他社から買いたい人がいるという連絡をもらっても、自分が買手を見つけたいので売主さんにはナイショ。これも立派な囲い込みです

まいます。もちろんB社から4千万円のオファーがあったことなど、後にも先にも知ることはありませんでした。

囲い込みは売主さんに対する**背信行為**です。そして業者が囲い込みを行う大きな理由は、両手仲介への執着です。囲い込みのリスクは、「うちは片手仲介でもまったく問題ありませんよ」という不動産会社を選ぶことで、回避することができます。

まとめ

- **物件情報は、できるだけ広く伝えることが重要**
- **情報の囲い込みは、売主に対する背信行為**
- **両手仲介への固執が囲い込みを招いている**

3 不動産会社による「買い取り」にはリスクもある

買手がつきにくい物件を業者が購入

不動産を売却する方法として一般的なのは、不動産会社に依頼して買手を探してもらう「仲介」ですが、これとは別に、不動産会社自体が物件を買い取る仕組みもあります。これが「買い取り」です。

業者が買い取りを行う目的は転売です。中古のマンションや戸建てをピカピカにリフォームして高値で販売したり、土地を分割して分譲地として売り出したりします。一般の人が買いそうにない不動産を売りたい場合、買い取りは妥当な選択といえるでしょう。

買い取りの場合、価格交渉がまとまればすぐ買い取ってもらえるので、不要な不動産を短期間でお金に換えたい売主さんにとっては魅力です。契約不適合（瑕疵《かし》担保）責任も負わずに済むため、売却後の心配もありません。ただし売買価格が安くなることは承知しておきましょう。買い取り価格は一般に相場の60％から70％程度といわれています。

リベートをくれる業者を推す営業担当者もいる

買い取りには、不動産仲介で買手を探してもらっているなかで、たまたま別の不動産会社が買いたいと手をあげるケースがあります。一般の人が買うには大きすぎる土地などでは、最初から不動産会社を対象に、販売活動を行うこともあります。

特に後者の場合、契約している仲介会社の担当者が、自分にリベートが入る買い取り業者を優先的に推してくることが珍しくありません。リベートをくれる業者の手に物件を落とすため、あたかも100社に物件を紹介したかの

買い取りでも営業状況を細かく報告してもらい、条件のよいオファーを探そう。担当者任せでは、担当者に都合のよい契約になりかねない

ような架空のリストを作って、「そのなかのベストチョイスです」と、手の込んだだウソの報告をするような担当者もいると聞いています。

もちろん、そんな手に乗ってはいけません。担当者ではなく、売主であるあなたにとって、最も条件のよいオファーを選ぶべきです。担当者が何社に物件を紹介し、結果はどうなのか、必ず細かい報告を求めて比較検討してください。

まとめ

- **不動産会社による買い取りの利点はスピード**
- **買い取り価格は相場より3、4割安くなる**
- **複数のオファーがあるときは、よく比較検討する**

4 「お客さまがいます!」のウソを見破る

ウソチラシの目的は媒介契約をとること

この地域で不動産を探しているお客さまがいます!

あなたのマンション、高値で買いたい方がいます!

不動産の売却を考え始めたところに、そんなチラシが入ったら気になりますよね。ご推察どおり、これらは基本的に全部ウソです。

思い出してください。不動産会社はどこまでも売り上げ第一主義です。次の売り上げのスタートラインとして、なんとか新しい売主さんと面会するきっかけを作ろうと、みんな必死なのです。一度でも会えれば、「無料ですから査定だけでもしましょう」とたたみかけ、そこから媒介契約に持ち込もうとしてきます。「お客さまがいます」は、見込み客獲得の撒き餌《まえ》だと思ってください。

査定後の「お客さまがいます」は、チラシよりやっかいです。査定というのは、不動産の売却に先立って、その物件の状態や条件、あるいは近隣の類似物件の売買価格などをもとに、「このくらいで売れそうだ」という価格を算出することです。

自分が売ろうとする物件の価値を把握できるので、早い段階で査定を受けておくことには私も賛成です。不動産会社に頼めば基本的に無料でやってくれますし、複数社の査定が無料で受けられる一括査定サイトも、インターネット上にはたくさんあって便利です。

ただし、不動産会社がタダで査定を引き受けるのは、それが媒介契約をとる糸口になると考えているから。査定結果を説明しながら、営業担当はさりげなくあなたに言うでしょう。

「実はちょうど、この物件にぴったりなお客さまがいるんですよ」

十中八九はウソです。もし本当にいたとしても、高く買ってくれるお客さま

不動産会社の無料査定は、媒介契約への第一歩。「お客さまがいます」の甘い言葉に惑わされることなく、冷静に利用しよう

かどうかはわかりません。サラリと聞き流し、お引き取りいただくのが賢明でしょう。

「じゃあ、お客さんを連れてきて」と言ってみる

それでもしつこい相手には、具体的にどういうお客さまがいるのか、聞いてみてください。またはこんなふうに言うのも効果的です。

「実はうちはB社さんに売却をお願いするつもりです。でも御社にこの家を買いたい方がいらっしゃるなら、ぜひ連れてきてください。詳しいお話をしましょう」

そう言われて、「いや、当社に売却を任せていただけるなら、お客さまを紹介できますが」と渋るなら、例によって両手仲介狙いです。いるという〝お客さま〟も、おそらくは架空の存在でしょう。

反対に、「もちろんです！」と相手が答えるなら、お客さまは本当にいるのかもしれません。両手仲介をしない不動産会社は、売主さんがどこの不動産

会社と媒介契約を結ぼうと、物件を買いたいお客さまを喜んで仲介してくれます。

私の会社でも、自社のお客さまで、たまたま売りたい人と買いたい人がいれば、両者をマッチングすることがあります。けれどもダブルで手数料を取ることは一切しません。両手仲介に血眼にならなくても、売主さんにも買主さんにも喜んでもらい、片手仲介だけで売り上げ件数を伸ばして、健全に会社を経営することはできるのです。数はまだ少ないながら、そういう会社も出てきていることを、お客さまにも若い業界人にも、知ってほしいと思います。

まとめ

- **チラシは見込み客を獲得するための撒き餌**
- **本当にお客さまがいることはめったにない**
- **無料査定も「お客さまがいます」も、目的は媒介契約**

5 不動産会社は大手がよいとは限らない

大手・中堅・中小、それぞれに強みがある

不動産売却を考え始めた方の多くは、査定をしてもらう段階で、初めて不動産会社と本格的に接触することになると思います。ネットでちょっと調べるだけでも、膨大な数の不動産会社が出てきますが、①売却したい物件がある地域に対応可能であること、②マンション、戸建て、土地など、売却したい物件の売買に明るいことは、不動産会社を選ぶための最低条件です。

会社の規模ということでは、大手、中堅、中小と3つに大別できます。

日本各地でチェーン展開する大手不動産会社は、店舗数も社員数も多く、豊

富な顧客リストから買手を探しやすいのがメリットです。さまざまな保証制度やサービスも提供しており、それが安心感にもつながります。

しかし大手以外にも、地元で厚い信頼を得ている中堅の不動産会社、高い志や発想力で新風を吹き込む中小の不動産会社と、優れた会社は多数あります。土地と戸建ての売買に強い、中古マンションの売買をたくさん手がけているなど、得意分野で独自性を発揮する会社も多いので、その点に注目して、自分のニーズに合う会社を選んでもよいでしょう。

ネットや広告からの情報だけでは、どういう会社か判断しづらいという場合は、近くに店舗があれば、実際に足を運んでみるのもよい考えです。

店内が整理整頓されていない、社員が来客に挨拶をしない、でかでかと売り上げのノルマが張り出されている、落ち着いて商談ができる個室の用意もない……。

こういう会社は、詳しく話を聞くまでもなくアウトでしょう。

ネット系の不動産会社には注意が必要

査定を依頼する選択肢に、地元の不動産会社を加えるのもよいと思います。しかし、インターネットが普及した現在、土地に根差した不動産会社にこだわる意味は、実はあまりありません。

レインズ（17ページ参照）をきちんと使えば、小さな地域に限定せず、条件のよい買手を広く探すこともできるからです。

最近は不動産業界にも、ネット系の会社が出てきています。手数料の定額制や手数料無料などを打ち出していて魅力的ですが、保証面や営業担当者の質など、わからない部分が多いのは気になるところです。

なかには私たちの会社と同じように、問題の多い両手仲介に挑戦して、片手仲介を専門とする不動産会社もあります。ただ、売手の立場に立ち、買手と接点をもたないようにするあまり、買手の気持ちや住宅ローンの現状がわからないなど、知識や経験値が不足していることも少なくありません。有効な販売戦略が立てられない可能性がある点には、注意が必要です。

「当社は両手仲介をしません」という会社は魅力だが、同時に経験値が豊富で、買手市場についても熟知していることが不可欠以上をすべてまとめると、査定を依頼する際には、印象がいいなと思う大手を1社と、特徴が異なる会社を数社、合わせて3社から5社くらいに依頼してみることをお勧めします。単に査定金額を比較するというだけでなく、やりとりを通じて各社の個性や好感度も確認できると思います。ネットの一括査定サイトを利用する方も、依頼をする前に各社の情報や評判が見られますので、じゅうぶん参考にして選択してください。

まとめ

- 安定の大手、独自の強みをもつ中堅・中小
- 査定は、特徴が異なる数社に頼むとよい

6 「会社×営業担当者」の掛け算で選ぶ

不動産会社選びは、担当者選びでもある

不動産会社選びには、担当者選びという側面もあります。自分に合う不動産会社選びとは、ひとことでいうと「会社×営業担当者」の掛け算なのです。

大手でも、営業担当者によって経験値はまったく異なります。どんなに素晴らしい会社でも、実際に営業担当者と接してみて、能力に疑問がある、態度が悪いなど、あなたの評価がゼロだとしたら、掛け算の答えもゼロ。納得できる担当者に代えてもらうなどしない限り、その会社を媒介契約の相手として選んではいけません。営業担当者が優秀であなたとの相性も良好なのに、会

社自体が信頼性に欠けるような場合も、総合評価は低くなります。

両手仲介か、片手仲介か、囲い込みをしないか、どんな形で物件情報を告知してくれるのかなど、気になることははじめに確認しておきましょう。「御社は囲い込みなどしないでしょうね？」と念を押すだけでも、相手にプレッシャーをかけることができます。

この売主さんは侮れないと思えば、担当者は緊張感をもって、販売活動に取り組んでくれるでしょう。

よい営業担当者かどうかを見分けるポイント

簡易査定（55ページ参照）を終えてあなたのもとを訪れた営業担当者は、物件を見てあなたの話を聞きながら、自分ならこの物件をどう売っていくか、頭のなかでどんどんプランニングが湧いてくるはずです。このように会って話をする中で、なるほどと思う提案があったり、気をつけるべき点を丁寧に説明してくれたり、率直に質問に答えてくれたりと、親身に対応してくれるのがよい営業担当者です。

自分が買主さんを見つけて両手仲介を成立させたいという下心から入る営業担当者は、売主さんに値下げをさせるためのトークに傾きがちです。良心的な担当者なら、できるだけ高い値段で、少なくともあまり値を下げずに、なおかつ確実に売却するために、「まずはこういう準備から始めましょう」などと提案してくれます。

売主さんも営業担当者も同じ人間同士ですから、話をしていてなんとなく相性がいい人を選ぶというのも合理的な判断基準です。反対に波長が合わない相手とのご縁は、そこで切ってしまってかまいません。これから売却が完了するまで、長い場合は1年以上お付き合いをするかもしれないのですから、担当者との相性は思いのほか重要です。ここで断ったら悪いのではないか、相手が気を悪くするのではないかなどと、気にする必要はまったくありません。

担当者の見た目もひじょうに重要です。スーツはヨレヨレ、靴はボロボロで、お世辞にも清潔感溢《あふ》れるとはいえない担当者が、お客さまにあなたの物件の説明をしているところを、思い浮かべてみてください。

優れた営業担当者は、話し上手で聞き上手。あなたの希望をよく聞いて、できること、できないことを、きちんと説明できるのがプロ一流のホテルやブランドショップのスタッフは、けっしてくたびれた格好で人前に出てきたりはしません。不動産会社の担当者は、それ以上の高額商品を販売するのです。売主さんだけでなく、未来の買主さんからも信頼される身だしなみが、どれほど重要かは想像に難くないと思います。

同じ方向を向いてくれる担当者が、一番よい担当者

できるだけ優秀な担当者についていてほしいと思うのは、すべての売主さんの当然の願望です。しかし〝デキる営業〟ほど抱えている案件が多いため、担当してもらったのはいいけれど、なかなかあなたの物件にまで手が回らず、後回しにされてしまうこともあり得ます。

大切なのは、自分と同じ方向を向いてくれる営業担当者を選ぶことです。「同じ方向を向く」とは、どういうことでしょうか。

売主さんの希望や事情は、一人ひとりさまざまです。とにかく高く売ってほしいという人、何が何でも指定期日までに売却しなくてはという人、売却に

営業担当者を信頼して契約したのに、販売は別人が担当!?　最初に「あなたが責任をもって担当してくれますね？」と確認を

出していることを、周囲に知られたくないという人。どんな希望や事情があってもよいのです。不動産を売るのはあくまでもあなたなのですから。

あなたが不動産取引を通じてかなえたい要望、一番大切にしていること、この不動産取引で成し遂げたいこと、解決したいことを、どうぞ営業担当者に伝えてください。その言葉にきちんと耳を傾け、意向を汲《く》み取ったうえで販売活動に取り組んでくれる担当者こそ、「あなたと同じ方向を向いてくれる」担当者、あなたにふさわしいパートナーです。

まとめ

- **囲い込みをしないことを、契約前に確認する**
- **担当者の態度や身だしなみも要チェック**
- **希望や目的を共有してくれる担当者を選ぼう**

Column

免許番号って何？

不動産の売買を行うためには、宅地建物取引業の免許が必要です。ひとつの都道府県内にすべての事業所がある場合は都道府県知事の免許、複数の都道府県に事業所を置いている場合は、国土交通大臣の免許で業務を行うという決まりです。免許番号は、不動産会社のオフィス、ホームページ、広告などに掲示されていますので探してみてください。

免許は5年ごとに更新され、免許番号の前のカッコ内の数字で更新回数がわかります。更新回数の数字が大きい会社は事業歴が長く、一定の経験があると期待できますが、更新回数が少なくても、高いノウハウを有するよい会社はたくさんあります。

また、他県に事業所を開設すると、その時点で、都道府県知事による免許から国土交通大臣免許に切り替わり、免許番号の更新回数は（1）に戻ってしまい、それ以前に積み重ねてきた事業の歴史や実績は、外から見えなくなってしまいます。

免許の更新回数が多い業者ほど信頼できるという神話は、情報が限られていた時代のこと。インターネットからさまざまな情報が得られる今は、信用材料のひとつとして捉えるくらいでよいと思います。

Chapter

2

損をしない不動産売却のための基礎知識

1

不動産売却の流れを理解する

段取りがわかっていれば、簡単にはつけこまれない

不動産という高価な資産を、何の知識もないまま不動産会社に委ね、一から十まで担当者の言うなりという売主さんは、不心得な不動産会社にとってネギを背負ったカモのようなものです。専門家になる必要などありませんが、簡単に騙《だま》されて損をすることがないよう、最低限の基礎知識は仕入れておきましょう。

これからどんな段取りで物事が動くのかがわかると、先々のことがシミュレーションできます。そのなかで、自分はどのタイミングでどんな準備をす

ればいいのか、何に注意すべきか、はっきり見えてくると思います。

不動産の売り出しから成約に至るまでの大きな流れを頭に入れておくだけで、いろいろなことが主体的に考えられるようになり、担当者と話していても、意味がよく理解できるはずです。その結果、業者がつけこむ隙を減らすことができるのです。では、不動産売却のステップを見てみましょう。

1 不動産の売却を考え始める

いつ頃売りたいのか、費用や転居先はどうするかも考えておきましょう。

⬅

2 自分の不動産の相場を調べる

簡単な方法は、不動産売却のポータルサイトで、よく似た物件の売り出し価格や成約価格を参考にすることです。公的機関も不動産取引の成約事例や地価をネット上で公開しています。

⬅

3 不動産会社数社に物件を見ないで行う簡易査定（机上査定）を依頼する

自分で情報を調べていると、知識が増えるだけでなく、不動産売却のイメージがクリアになり、楽しくなってくるという人も自分の不動産がいくらくらいで売れそうか、プロの視点で見てもらいます。ポイントは、3～5社くらいに依頼して結果を比較すること。不動産会社による査定は、通常、無料で受けられます。ネットの一括査定サービスを利用してもよいでしょう。

4 ⬅ 簡易査定を頼んだ会社から、2～3社程度に訪問査定（詳細査定）を依頼する

物件を見せて詳しい話を聞きます。初めて各社の担当者と対面する機会ですので、気になることはどんどん質問し、相手の知識や人柄も確かめましょう。訪問査定では、物件や周辺環境を細かく観察して、売り出し価格のベースとなる査定価格を出していきます

5 ⬅ 売却仲介を依頼する会社を選び、媒介契約を結ぶ

不動産売却のパートナーの決定です。売却のために必要な準備、どのように物件を宣伝するか、担当者からあなたへの販売活動報告についてなど、タ

簡易査定で不動産会社に提供するのは、物件の住所、築年数、面積、間取りなど。依頼者の住所氏名と連絡先も伝える。一括査定でも同じ

イムスケジュールを含めて十分に話し合ってください。

⬅

6

必要に応じて、測量、境界の確定、確定測量図の作成

土地や戸建て住宅の売却に不可欠な図面や書類がない場合、作る必要があります。日数がかかることを前提に、担当者と相談して遅滞なく進めることが重要です。

⬅

7

不動産会社が販売活動を始める

査定価格をもとに売り出し価格を決め、物件情報をレインズに登録。広告宣伝を展開して買手を募集します。情報の囲い込みをされないように、レインズへの登録状況を担当者に確認しましょう。

⬅

8

購入希望者が現れる

内覧の対応をします。買手が物件を気に入った場合は、後日、**購入申込書**が提出されます。希望購入価格、契約日、決済日（物件の引き渡し日）など

境界確定には、隣接する土地の所有者全員の承認が必要。納得しない人が一人でもいると、確定測量図の作成に数カ月を要することがある

に関する買手側の希望や情報が書かれています。

⬇

9 売買条件の交渉

雨漏りやシロアリ被害の有無など、物件の状態を詳しく記載した**物件状況等報告書**、給湯・空調などを含む付帯設備を記した**設備表**を用意して、詳細な物件情報を購入希望者に開示。価格や諸条件について話し合います。契約日と物件の引き渡しをいつにするかも相談します。

⬇

10 契約成立

価格や条件の折り合いがついて買手が決まったら、**売買契約**を結びます。売却代金のうちから手付金が支払われます。仲介手数料の半分を、このタイミングで不動産会社に支払うこともあります。

⬇

11 決済の準備

決済とは、売買契約を完結することです。そのために必要な書類を調えますが、時間がかかる可能性があるので、早めに担当者から説明を受け、速やかに動けるようにしておきましょう。物件の明け渡しと引っ越しの準備も並行して進めるので、忙しくなります。

⬇

⓬ 決済日

鍵と権利証を買手に引き渡し、所有権が移転します。売却代金の残金を受け取り、ローンが残っている場合は一括返済。不動産会社に残りの仲介手数料（分割でなければここで全額）を支払います。

⬇

⓭ 税務申告

不動産売却による譲渡所得については、確定申告が必要です。

「3カ月で売れます」は、ウソかもしれない

査定の際、売主さんから「売却までどれくらい時間がかかりますか？」と聞かれて、「3カ月です」と答える不動産会社がよくいます。媒介契約の項（60〜64ページ）で詳しくお話ししますが、不動産会社との契約期間は上限が3カ月なので、契約期間内に売り切りたいというのが本音です。

最初の3カ月が過ぎると、その後は売主さんが希望すれば、3カ月ごとに契約を更新することになります。自信がない担当者は、売主さんが他社に鞍替《くらが》えしてしまうのをおそれて、価格が少し下がってでも早く売ってしまおうと考えかねません。

そんな理由で、値下げをされてはかないません。3カ月で売れる前提で、お金や引っ越しの準備に振り回されるのも迷惑な話です。疑わしいと思ったら、3カ月で売れるという根拠を聞いてみてください。曖昧な言葉に、惑わされないようにしましょう。

▲
不動産会社との媒介契約は、3カ月ごとに更新する形であることが多い。更新するか、しないかは、その都度、売主側が決定

まとめ

- 段取りがわかっていると行動しやすい
- 時間を要する書類作成などは早めに準備
- 自分の都合で売り急ぐ担当者もいる

Column

不動産売却にもお金がかかる

必ず出ていくお金と、必要に応じてかかるお金

不動産を売るにも、それなりのお金がかかります。どんな場合も必要なのは、売買契約書に貼る印紙代と不動産会社への仲介手数料です。売買取引が完了すると、〈売買価格×3%+6万円+消費税〉を支払います。

引っ越し費用も馬鹿になりません。物件から退去して仮住まいをするなら、引っ越し費用は2倍かかります。新生活のための資金と合わせて、考えておきましょう。なお、売却年度の固定資産税も多くの場合、売主さんがひとまずその年の分を納付しますが、所有権移転後の日数分は、物件の引き渡しの際に買主さんに清算してもらうことができます。必要に応じてかかるお金もあります。土地の境界があいまいで、売却に必要な測量図がないなら、測量や確定測量図の作成費用。建物を取り壊して土地だけ売る場合は、解体費や廃棄物処分費。建物込みの場合は、補修代やハウスクリーニング代などがかかることもあるでしょう。

住宅ローンが残っている人は、売買契約の成立と同時に、売却代金でローン残債を一括返済します。足りない場合は自己資金で補わなくてはならないので、それも織り込んで、無理のない資金計画を立てるようにしてください。

2 自分の物件の相場を調べておく

スマホでもわかる不動産の相場

不動産には定価というものがありません。価格は需要と供給のバランスで決まります。人気があれば高く売れる可能性があるし、そうでなければ売りづらくなります。不動産をできるだけ高く売るためにも、ごまかされたり騙されたりしないためにも、自分が売ろうとする物件のだいたいの価値は知っておきたいものです。

物件がどのくらいの金額で売れるかを知る最も確実な方法は、専門家による査定ですが、自分でもスマホやパソコンを使って調べ、ある程度、合理的な価格を予想することができます。

ざっくりとでも相場の見積もりができていると、不動産会社と話すときも、早めに資金計画を立てるにも、なにかと動きやすくなりますのでやってみてください。

取引事例や、売り出し物件の価格が参考に

自分の物件と似た不動産の最近の取引事例や、いま売りに出ている不動産の販売価格を見ると、自分の物件もだいたいこのくらいかなとわかります。

実際の不動産取引の成約事例は、**レインズ・マーケット・インフォメーション**や**土地総合情報システム**など公的機関が運営するサイトで、簡単に見ることができます。地域や物件の種別で絞り込んで調べられますから、以下のような条件を比較して、自分の物件と条件が似ているものを探してみましょう。

① 近隣の地域であること

②マンション、戸建て、土地の別
③築年数
④木造、鉄筋コンクリートなど構造の種別
⑤床面積

条件が類似する物件の成約金額や、販売価格をいくつも見ていくと、いろいろなことがわかってきます。

「うちとよく似た条件のこの家は、西向きで3千万か。うちは南東角だから、もう少し高く売れるかも」

「条件はあのマンションと似ているけれど、うちの場合、大通りの騒音がどう評価されるかだな」

間取り、環境、駅からの距離、バスの便など、さらに細かく絞り込んで比較することも可能です。また、現在売り出し中の物件価格を参照するなら、たくさんある不動産売買のポータルサイトが便利です。


床面積や間取りだけではなく、建物内の採光や通風。駅からの距離、環境、暮らしの利便性なども、販売価格に影響する

不動産の成約価格が閲覧できるサイト

レインズ・マーケット・インフォメーション
www.contract.reins.or.jp/
国交大臣指定の不動産流通機構が運営。業界向けのレインズと違い、同機構が保有する情報を一般に公開している。各地のマンションや戸建て住宅の物件情報と、直近1年の成約価格が閲覧できる

土地総合情報システム
www.land.mlit.go.jp/webland/
国土交通省によるサイト。土地、土地と建物、中古マンションの取引情報が、地域や物件情報をもとに検索できる

地価を調べるなら

国税庁の「財産評価基準書　路線価図・評価倍率表」
www.rosenka.nta.go.jp/
路線（公道）に面する宅地1平米あたりの評価額を調べることができる。路線価は相続税や固定資産税算出用の指標で、売買を想定した金額ではないが、国による基準価格なので知っておくと価格交渉の参考になる

相場を知る賢い売主は、担当者にも一目置かれる

不動産会社によっては、査定の後で破格の売り出し金額を提示してくることがあります。「うちに任せてくれたら、こんなに高く売り出してあげますよ」というのです。喜んだ売主さんと媒介契約さえ結んでしまえば、後からいくらでも理由をつけて値段を下げ、最終的に、自分たちが売りたい買手が喜ぶ価格で売ることもできてしまいます。

そういう不動産会社にとって、なんでもかんでも自分で調べて勉強するお客さまは、とても煙たいお客さまです。だいたいの相場を知っているので、契約を取らんがために根拠なく高い売り出し金額を口にすると、「なんでそんなに高いの？」と不審がられたり、問い詰められたりするのがオチでしょう。なめてかかるとマズいとわかれば、担当者も襟を正さないわけにはいきません。

たしかにお客さまのなかには、無関係な情報や、間違った知識をインターネットで仕入れてしまう方もいらっしゃって、誤解を解くのにひと苦労ということも正直あります。

それでも、不誠実な業者に騙されたり、損をさせられたりするリスクを思えば、お客さま自身が不動産取引の基本的な仕組みを知っておくに越したことはありません。

「このお客さま、よく勉強しているなあ。よし、こっちもプロとしてもっとがんばるぞ！」

そう担当者が奮い立つような、賢い売主さんが増えれば、ウソやごまかしはどんどん通用しなくなっていくに違いありません。

まとめ

- 相場から自分の物件の価値を想定
- 不動産の取引事例や販売価格が参考になる
- 地域や築年数など、条件が似た物件を比較

3 不動産会社に査定を依頼する

まず大まかに、次に詳しく、2段階で査定してもらう

売却を検討している物件を、さまざまな角度から調査して、「売却できそうな価格」を不動産会社などに算出してもらうのが査定です。

査定には、**簡易査定（机上査定）**と**訪問査定（詳細査定）**の2種類があります。簡易査定は物件を見ないで行う査定で、立地、築年数、面積、近隣の類似物件の取引事例、公示価格・路線価といった情報をもとに、売れそうな金額を見積もります。ネットで申し込むことができる一括査定サービスの内容も簡易査定です。

前述したように、査定は必ず複数の会社に依頼しましょう。1社だけだと、出てくる査定価格が高いのか、安いのかわかりません。3〜5社くらいに査定してもらえば、「まあ、誰が見てもこのくらいかな」という価格帯が見えてきます。名前が知れている大手不動産会社、地域に強い会社、新しいやり方を取り入れている若い中小の会社と、多少バリエーションを意識して依頼してみてください。各社の特徴や強みがよくわかると思います。その後、簡易査定の結果をもとに、2〜3社に絞り込んで訪問査定を依頼します。

訪問査定では、物件入手時の書類もできるだけ用意する

訪問査定は、不動産会社の担当者が現地に足を運び、実際に物件を見て行なうものです。物件固有の状態をもとに、精度の高い査定ができることから、売り出しの前には訪問査定が不可欠です。

同じ会社が出す簡易査定と訪問査定の結果が、著しく変わることは稀《まれ》ですが、実際の販売活動では、査定額よりだいぶ値引きしないと売れないことも

ありますし、逆に査定額より高く売却できる幸運なケースもあります。少なくとも、査定価格イコール売却価格ではないことは、知っておきましょう。

訪問査定の際は、間取り図、権利証、住宅ローンの残高証明、固定資産税の納税通知書ほか、戸建てなら、測量図や建設業者への支払い金額がわかる書類、マンションなら、耐震性、仕様、共用施設などの情報が書かれている、分譲時のパンフレットなども用意します。

こうした物件入手時の書類があると、担当者がよりよく物件について理解できますから、それが販売活動にも反映されて、結果的に高額売却につながること

が期待できます。

査定後のしつこいセールスは断ってよい

インターネット上には、不動産会社の一括査定サイトがいくつもあって盛況です。売却を検討している物件の住所、築年数、面積などの簡単な情報を、オンラインフォームに入力するだけで、複数の会社から査定がとれるので、よく利用されています。

ただ、不動産会社からすると、無料査定を行うのは、つまるところ媒介契約獲得のためです。査定をきっかけに、「お客さまがいます！」というウソのアピールを含めた、しつこいセールス攻勢に悩まされるケースが後を絶ちません。

査定を頼んだからといって、契約の義務はありません。最初から売るつもりのない物件の査定を気軽に頼むのは考えものですが、査定をしてもらった会社と、この先お付き合いするつもりがなければ、はっきりと断ってかまいません。

まとめ

- はじめに簡易査定、販売開始前には訪問査定
- 簡易査定は複数の会社に依頼する
- 物件入手時の書類があると担当者が売りやすい

4 損をしないために選ぶべき媒介契約とは

「一般媒介契約」にはデメリットが多い

不動産の売却を不動産会社に委託するときは、書面で契約をする必要があります。これを**媒介契約**といいます。媒介契約には、一般媒介契約、専任媒介契約、専属専任媒介契約の3種類があり、不動産会社との契約時に自分で選ぶことができます。

一般媒介契約は、売主さんが複数の会社に、同時に売却を依頼できる契約形態です。一般媒介契約で契約した複数の会社が同じ物件の販売活動を一斉に行ない、売買契約が成立すると、買主さんを見つけてきた1社にのみ、仲介手数料が支払われます。

売主さんにとっては好都合に思えますが、実はこれが一般媒介契約のひとつ目のデメリットです。不動産会社にしてみれば、どんなに販売活動に力を入れても、他社が買主さんを見つけてしまえば、それまでの苦労は水の泡。媒介契約を結んでいるのに、仲介手数料ももらえません。それがわかっているので、担当者ががんばる気になれないのです。

一般媒介契約では、物件情報をレインズに登録する義務がありません。これが2つ目のデメリットです。複数の会社と契約していても、レインズに情報を出さない会社があれば、物件情報は広がっていきません。しかも他決される可能性があるからと、広告もせず放置されることもあり、いつまでたっても買手がつかない物件が出てきたりします。

さらに3つ目のデメリットとして、一般媒介契約を結んでいる不動産会社は、売主さんに販売活動の進捗状況を報告する義務がなく、売主さんはいま何が起きているのかわからないままです。

こうして結局、売主さんの機会損失になる可能性が高いことから、私は一般

▲
専任媒介で契約するのは1社だけだが、レインズを通して物件に関心をもった不動産会社が何社でも、自発的に販売に参加してくれる

媒介契約をお勧めしていません。

1社が責任をもって販売する「専任媒介契約」

1社に責任をもって販売活動をしてもらう契約形態には、専任媒介契約と専属専任媒介契約があり、**専任媒介契約**を選ぶことが多いです。

専任媒介契約では、あなたの物件の情報は1社にしか渡りません。もしその会社がしっかり情報発信をしないと、売主さんも、物件を探している人も、機会が失われて不利益をこうむります。そこで売主さんと専任媒介契約を結んだ不動

レインズの仕組み

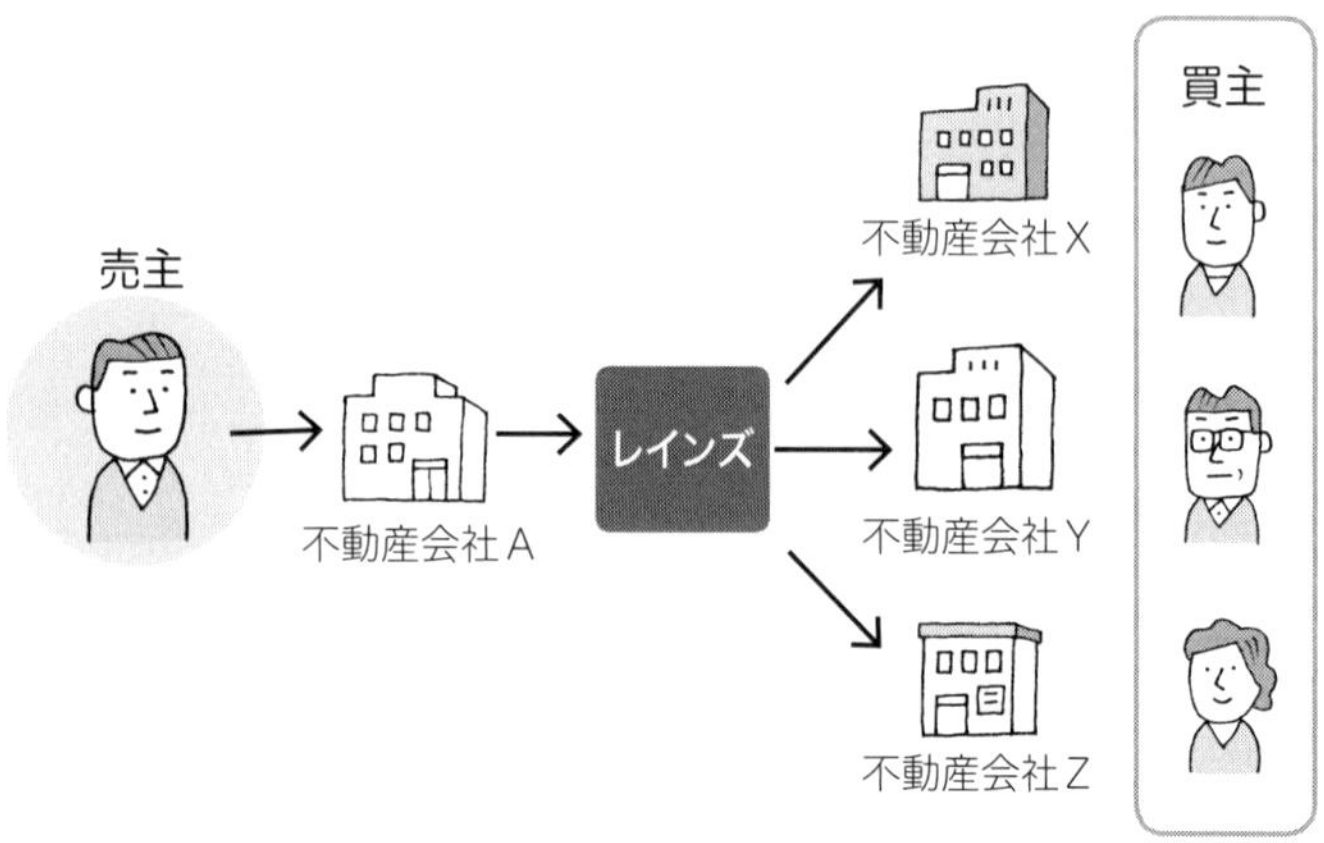

産仲介会社には、媒介契約から7営業日以内に、必ずレインズに物件情報を登録することが義務づけられています。レインズに載ることで、多くの人に物件情報が届き、広く買手を探すことができるわけです。

専任媒介契約では、販売活動の進み具合について、2週間に1回以上のペースで売主さんに報告が入ります。自分の物件の状況が把握できるので安心ですし、担当者と定期的にコミュニケーションをとるなかでは、疑問や気がかりがあっても相談しやすく、まさに〝専任〟契約です。

最後の**専属専任媒介契約**は、ほとんど専任媒介契約と同じですが、レインズへの登録が媒介契約から5営業日以内、売主さんへの報告も週1回以上と、やや厳しい設定になっています。

売主さんがたまたま自分で買手を見つけた場合、一般媒介・専任媒介では当事者間で直《じか》に取引をしてもかまいませんが、専属専任媒介では必ず不動産会社を通し、仲介手数料も支払わなくてはなりません。自分で買手を見つけることなどあまりないかもしれませんが、親戚や知り合いから声がかかりそうな方は、専属専任媒介は避けたほうがよいでしょう。

問題のある会社との契約も、3カ月で終了できる

専任媒介と専属専任媒介は、売主さんが1社と交わす契約ですから、売主さんにとって拘束力が強い一面があるため、契約期間は3カ月以内と短く設定されています。更新も3カ月（以内）と決まっており、3カ月ごとに売主さん側から申し出る形で更新します。

更新をしなければ契約は終了し、別の会社と契約し直すことができます。

一般媒介の契約期間には、法令上の制限は特にないが、国土交通省が定める書式ではやはり3カ月以内を単位として設定している

まとめ

- 担当者のやる気が下がる一般媒介契約
- 専任媒介契約はレインズ登録が確実
- 契約期間も更新も3カ月単位

5 レインズの登録証明書を必ず確認する

あなたの物件情報を、買いたい人に届けるレインズ

不動産を売却するときは、その物件ができるだけ多くの人の目に留まるようにしたほうが、成約の可能性は高くなります。そこで、不動産仲介業者が物件情報を交換する場としてつくられたのが、レインズというコンピュータネットワークシステムです。一般の方には公開されていませんが、国土交通大臣から指定を受けた不動産流通機構が運営するもので、いわば大規模な不動産情報プラットフォームでありデータベースです。

不動産会社はレインズで売り出し物件の情報を調べ、不動産を探しているお

客さまに営業活動を行うことができます。あなたの物件の情報をレインズで見て、多くの不動産会社が買いたい人を探してくれるのですから、売主さんにとっても、本来とても頼れるシステムです。

レインズで横行する囲い込みの手口とは？

ところが残念なことに、そのレインズでも、堂々と情報の囲い込みが行われています。他社が買手を連れてこないよう、「すでに別のお客さまと交渉が進んでいます」といったウソの口実で、他社を排除する不動産会社が少なくないのです。

なかには、「もう契約中です」というあきれたウソで、情報を隠してしまう会社もありました。さらに新手の囲い込みも出てきています。私がレインズでお客さまにぴったりな物件を見つけ、紹介をするため、販売を担当している不動産会社に連絡をすると、相手はこう言うのです。

「はい、この物件はたしかに販売中です。ただ、売主さまの予定が合わなくて、ご希望の日程で内覧を設定できません」

その後は何度連絡しても、その都度ああだこうだと理由をつけて、いつまでたっても売主さんに取り次いでくれません。最後は担当者自身が、外出中、出張中、会議中、直行・直帰、今日は休みと、なぜかつかまらなくなってしまいます。こんなことをしてまで囲い込みをやる理由は、言うまでもなく両手仲介です。

広告転載区分が「不可」だと情報は広がらない

レインズの売り出し価格の掲載スペースには、**広告転載区分**という欄があります。私の会社が売却物件を掲載するときは、必ずこの欄で「可」を選択します。

広告転載が「可」ということは、「当社はこの物件を囲い込みません。他社からの買主さまも歓迎しますので、どんどん広告して、買いたいお客さまを見つけてください」という意味です。

不動産は、広告への露出が多ければ多いほど、高く早く売れますが、自分の会社だけでは動ける範囲が限られます。情報を全部レインズに出して、みんなで買いたい人を探してもらうほうが、チャンスは多いに決まっているのです。

しかし他社に買手を仲介されては困ると考える会社は、情報の拡散をきらって、広告掲載区分を「不可」で登録します。売主さんにとって、これはデメリット以外の何ものでもありません。レインズに登録されているはずなのに、何の反応もない、内覧の申し込みも入らないという場合は、もしかすると広告転載区分が「不可」になっていて、情報が外に広がっていないことが原因かもしれません。平気で囲い込みをする不動産会社は、売主さんにバレたときのための言い訳も用意しています。

「物件情報が多く出ていると、売り急いでいると思われてしまいます」

いいえ、誰もそんなことは思いません。

「チラシを大量に配布しますから、問題ありませんよ」

いいえ、問題です。社会はとっくに、紙媒体からネット媒体にシフトしてい

▲
レインズは、東日本、西日本、中部、近畿の4エリアに分かれて運営されており、日本のほぼすべての不動産会社が加入している

ます。チラシだけでは、情報拡散の範囲に限界があります。ごまかさずに、レインズできちんと情報を公開すればいいだけの話です。

登録証明書を確認して、囲い込みリスク対策を

売主さんは当然、自分の物件の情報が、レインズにどのように掲載されているか知りたいでしょう。レインズを一般の方が閲覧することはできませんが、不動産会社が立ち会えば、自分の物件の登録状況、販売状況を見ることができます。やましいところがなければ、快く見せてくれるでしょうから、担当者に頼んでみてください。

また、不動産仲介会社と専任媒介契約や、専属専任媒介契約を結ぶと、レインズの「**登録証明書**」が売主さんに発行されます。この「登録証明書」の一番右上にある「取引状況」を見てみましょう。そこに「公開中」と書かれていれば販売公開された状態で、囲い込みはされていないことがわかります。レインズに登録された日付や図面が登録されているかも確認しましょう。「登録

登録証明書のチェックポイント

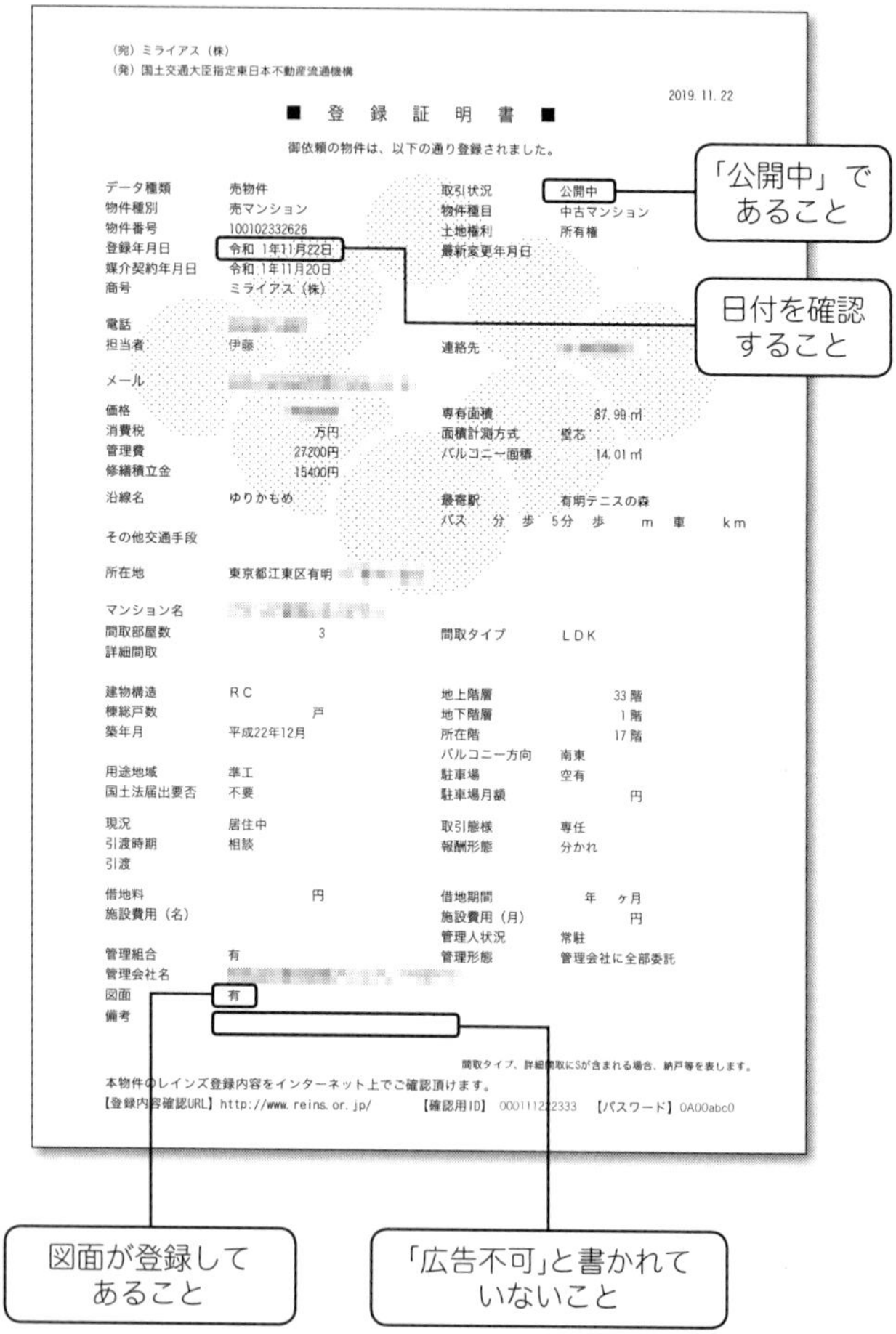

（宛）ミライアス（株）
（発）国土交通大臣指定東日本不動産流通機構

2019. 11. 22

■ 登 録 証 明 書 ■

御依頼の物件は、以下の通り登録されました。

データ種類	売物件	取引状況	公開中
物件種別	売マンション	物件種目	中古マンション
物件番号	100102332626	土地権利	所有権
登録年月日	令和 1年11月22日	最新変更年月日	
媒介契約年月日	令和 1年11月20日		
商号	ミライアス（株）		
電話	[redacted]		
担当者	伊藤	連絡先	[redacted]
メール	[redacted]		
価格	[redacted]	専有面積	87.98 ㎡
消費税	万円	面積計測方式	壁芯
管理費	27200円	バルコニー面積	14.01 ㎡
修繕積立金	15400円		
沿線名	ゆりかもめ	最寄駅	有明テニスの森
		バス 分 歩 5分 歩	m 車 km
その他交通手段			
所在地	東京都江東区有明[redacted]		
マンション名	[redacted]		
間取部屋数	3	間取タイプ	LDK
詳細間取			
建物構造	RC	地上階層	33 階
棟総戸数	戸	地下階層	1 階
築年月	平成22年12月	所在階	17 階
		バルコニー方向	南東
用途地域	準工	駐車場	空有
国土法届出要否	不要	駐車場月額	円
現況	居住中	取引態様	専任
引渡時期	相談	報酬形態	分かれ
引渡			
借地料	円	借地期間	年 ヶ月
施設費用（名）		施設費用（月）	円
		管理人状況	常駐
管理組合	有	管理形態	管理会社に全部委託
管理会社名	[redacted]		
図面	有		
備考			

間取タイプ、詳細間取にSが含まれる場合、納戸等を表します。

本物件のレインズ登録内容をインターネット上でご確認頂けます。
【登録内容確認URL】http://www.reins.or.jp/ 【確認用ID】000111222333 【パスワード】0A00abc0

多くの会社に買手を探してもらうには、レインズに登録された売り出し物件の取引状況表示が、「公開中」となっていることが重要証明書」のIDとパスワードを使えば、直接レインズにログインして、自分の物件の最新の情報や取引状況を確認することもできます。

このように「登録証明書」は何かと役に立ちますので、媒介契約を結ぶ際には専任媒介契約（もしくは専属専任媒介契約）を選択し、そのうえで、「レインズに登録したら、『登録証明書』がもらえますね？」と、担当者に確認しておきましょう。それだけで、侮れないお客さまだと相手に思わせることができ、リスク対策になります。

まとめ

- **レインズに載っても囲い込みのリスクあり**
- **登録証明書を確認しよう**
- **証明書のIDでレインズの掲載状況も確認できる**

レインズの登録証明書が発行されても、売主に渡さない会社がある。必ず入手して、定期的に自分の物件の取引状況をチェックしよう

Column

仲介手数料無料は、本当にお得？

安直な手数料値引きは、担当者のやる気をそぐだけ

不動産売買のインターネットサイトには、仲介手数料無料、半額、値引きという文字が踊っています。実際の営業活動でも、「仲介手数料をお安くしますから、ぜひ当社にご依頼ください」と、不動産会社が売り込むことがあります。反対にお客さまから、「仲介手数料を割引してよ」と言われることもあります。

結論から言いますと、仲介手数料は簡単に値引きしないほうがよい、というのが私の考えです。

多くの良心的な営業担当者は、売主さんの利益を考えて、自分に託された物件をできるだけ高く売ろうと、一生懸命に努力をしています。正当な報酬が得られないとなると、頑張っている人ほど空しく感じるでしょう。仲介手数料を値切った売主さんは、その場は得をした気分になるかもしれませんが、担当者のやる気に冷や水を浴びせてしまっては、元も子もありません。

担当者のモチベーションがすっかり下がってしまい、何カ月も物件が売れずにいる悲惨なケースを、私はたくさん見てきました。安直な値引きは、けっして売主さんの得にはならないと思います。

うまい話にはウラがあり、タダより高いものはない

不動産会社が値引きを申し出る背景には、そうまでしてでも媒介契約を取りたいという気持ちが透けて見えます。少しくらい仲介手数料を割り引いても、媒介契約を結んで売却物件を手にしたら、あとはそれを囲い込み、両手仲介に持ち込めば簡単に元がとれてしまいます。

仲介手数料無料をうたいながら、事務手数料などの名目で、数十万円を請求するケースも枚挙にいとまがありません。うまい話にはウラがある、タダより高いものはないと、考えておいたほうが安全です。

とはいえ、仲介手数料を値引きする、無料にするというのは、違法というわけではありません。売主さんがどうしても仲介手数料の値引きを望むのであれば、売却に目星がついた時点で担当者と話し合うようにしましょう。物件が売れる前に値引きを持ち出すと、販売活動に影響が出るのは必至です。

基本的には法定の手数料を報酬としてきちんと払い、担当者にはしっかり仕事をしてもらって、互いに気持ちよく取引を行うことが、本来のあり方ではないかと私は思っています。

6

売買条件決定のポイント

売り出し価格は値引きを前提に設定する

不動産を売りに出すとき、まず決めるのが**売り出し価格**です。不動産会社による訪問査定（詳細査定）の価格には、物件の状態や周辺情報はもちろん、市場の相場も加味されていますので、売り出し価格を決める際にもこの査定価格を目安にするのが妥当です。売主さんの希望価格も提示して、不動産会社の担当者と相談しながら、納得できる売り出し価格を決めていきます。

その後、物件を買いたい人が現れると、そのお客さまから購入希望価格が提示されます。売り出し価格で買ってくれれば言うことなしですが、中古物件の販売には値引き交渉がつきものです。はじめから値引きを前提にして、査定価格より少し高めの金額を、売り出し価格として設定しておくことをお勧めします。

担当者の販売計画・販売活動をチェックする

不動産会社の担当者は、販売計画を立てて、それをもとに販売活動を開始します。その内容は、レインズへの登録、不動産ポータルサイトへの掲載、自社サイトへの掲載、顧客へのダイレクトメール、チラシの作成と配布、内覧会とさまざまです。

買手に向けてどんなセールス戦略を考えているのか、担当者の販売計画をしっかり聞いておきましょう。媒介契約期間の区切りは3カ月（更新可能）であることが多いので、3カ月という単位のなかでどう活動していくのかも確認してください。

もうひとつ大事なのは、担当者があなたの物件の魅力と弱点をしっかり理解しているかどうかを確認しておくことです。そのうえで、魅力をどうアピールし、弱点をどうカバーするのか。問われてすぐに答えられないようでは、先行きが不安です。

不動産会社と専任媒介契約を結んでいる場合は、2週間に1回以上、専属専任媒介契約では1週間に1回以上、担当者から販売活動の報告書があがってきます。報告書には、期間中に行った販売活動とその内容、問い合わせがあった件数、内覧を行った場合は、内覧件数とお客さまの反応なども書かれています。

問い合わせ件数があまりに少ない場合は、不動産会社が情報を囲い込み、他社から入る問い合わせをシャットアウトしている可能性があります。また、いかにもおざなりな報告書を出してくる担当者も、信頼性に欠けます。気になるようなら本人に連絡して、詳しい説明を求めてください。

販売活動が始まったら、いつ内覧希望者が現れても対応できるよう、物件の掃除を進めておく。不要なものは処分して整理整頓を

設備表と物件状況等報告書を確認し、売買条件交渉へ

購入希望者が見つかると売買条件の話し合いに入ります。土地の場合では、境界設定と、それについて隣接する土地の所有者の同意書がほしいといった条件を、先方から出されることがあります。この条件をクリアする「確定測量図（88ページ参照）」がない売主さんは、早い段階で用意しておきましょう。

マンションや戸建てでは、「エアコンなしなら、少し価格を下げて」といった要望もよくあります。設備についてはあらかじめ、担当者が詳細な**設備表**を作成しており、エアコンの有無も明記されています。その条件で売りに出しているのですから、住み替え先に持っていく予定だったエアコンを残すなら、反対にその分を価格に上積みして交渉することもできます。雨漏り、腐敗箇所、シロアリ被害、火災や事件事故の有無まで細かく告知した**物件状況等報告書**も、売買契約書の一部として担当者が作成しているはずです。物件状況等報告書と設備表は、価格交渉や契約不適合（瑕疵担保）責任にも関わる大切な書類ですから、売買条件の交渉前に内容を把握しておきましょう。

ところで、購入申し込みを受けて、「今月中ならこの値段で買うと言っていますよ」、「タイミング的にうまく交渉できそうです」と、担当者がいつになく執拗《しつよう》に背中を押してくることがあります。今月の彼の営業成績と、月末や期末というタイミングからして、今月中の契約ならたいへん都合がよいのは、売主さんでも買主さんでもなく、担当者自身かもしれません。

決済日と住み替えの都合をすり合わせる

売買条件の交渉の場では、価格も俎上《そじょう》に載せます。**購入希望価格**で値引きを求められることも多いので、防衛策として、「最低でもこの金額で売る」という最低ラインを決め、担当者と共有しておきましょう。タフネゴシエーターが現れても、最低ラインを死守すれば大きな損にはなりません。売主さんも買主さんも納得して売買契約が成立すると、その価格が**成約価格**になります。

売買契約の締結日と決済日（物件の引き渡し日）も、重要な売買条件です。

売買契約は、売買条件がまとまって5日から1週間以内で締結するのが一般

▲

物件状況等報告書を確認のうえ買主が物件を購入した場合は、報告書で告示ずみの内容については、売主の瑕疵担保責任は免除される

的です。買手の心変わりを避ける意味でも、契約締結日は先延ばしにしないほうがよいでしょう。

決済日には、物件を引き渡して売却代金を受け取ります。そのお金で住み替え物件を購入する売主さんも多いと思いますので、新居確保の都合や引っ越し予定とすり合わせて検討し、買主さん側と相談してください。一般的には売買契約の1カ月から3カ月後に、決済日を設定することが多いです。

まとめ

- **売り出し価格は査定価格をもとに決める**
- **販売計画や報告書はシビアにチェック**
- **条件が折り合ったら1週間以内に契約を**

7 契約から引き渡しまでに必要な書類と手続き

漏れや不利な記載はないか、売買契約書には事前に目を通す

買主さんが決まり、売買の金額も条件もまとまって、正式に売買契約を結ぶ日です。多くの場合、不動産会社のオフィスに集まって行います。

売買契約書は、売主と買主の間で合意した内容をもとに、不動産会社が作成しますので、できれば契約日の前にコピーを送ってもらい、落ち着いた環境でじっくり目を通してください。

契約書に書かれている物件情報は登記簿どおりか、売買価格と支払い日に間

違いはないか、所有権の移転と物件の引き渡し日はどうか、ひとつひとつよく確認していきます。

一方的に自分に不利な条項や曖昧な条項があれば、担当者に修正の相談をし、漏れている内容は、追加で契約書に盛り込んでもらいましょう。面倒かもしれませんが、行き違いを未然に防ぎ、あとあと後悔しないためのひと手間です。以下の項目も重要ですので、必ず確認してください。

●手付金について

売買契約書を交わす際に、買主さんから売主さんに払われる手付金には、「解約手付」という性質があります。買主は手付金を放棄し、売主は買主に手付金を倍返しすることで、契約解除ができるのです。

これを悪用して、安い手付金で物件を押さえておき、別の物件と二股をかける買主さんもたまにいます。そう気楽に解約されても困りますから、手付金は少なくとも売買価格の5％から10％になっていることを確認しましょう。

売買契約書の記載内容は、当事者間の合意に基づき自由に決めてよい。
その際、どちらか一方の利益に偏らないよう注意する

●戸建て・土地の土地面積について

登記簿に記載された公簿面積で契約する場合と、測量した実測面積で契約する場合があります。契約日までに測量が間に合わないときは、後日、契約面積と実測面積との差に応じた代金清算を行います。

●売主の瑕疵担保や設備の修復義務について

売却後に隠れた瑕疵が見つかった場合、売主が負う瑕疵担保責任の期間を確認します。空調、水回り、給湯などの設備の不具合についても、修理義務の期間が書かれている場合があります。これらについては、「物件状況等報告書」と「設備表」を作成して添付します。物件や設備の状態を正確に書いて告知しておくことで、損害賠償責任のリスクを軽減できます。

決済日に向けて、段取りよく引き渡し準備を進めよう

売買契約を締結しても、物件を引き渡す決済日まで、売主さんがやることは

土地や戸建てを売却するときは、確定測量図が必要。作成に数カ月かかることもあるので、早めに準備すると慌てずにすむ

山積みです。住宅ローンが残っている場合は、速やかに金融機関に決済日を伝えて、抵当権抹消の準備を始めましょう。決済日には物件の売買代金でローンを一括返済しますが、足りないときは不足分のお金も用意しなくてはなりません。建物が建っている土地を更地で引き渡す約束になっている場合は、建物の解体と廃棄物の撤去も、決済日までにすませます。

引っ越し準備も待ったなしです。掃除については、中古不動産では買主さんがあとでリフォームをすることが多いので、毎年の大掃除レベルでよいと思います。電気関係や給湯など、付帯す

引き渡しは段取りよく

る設備が正常に作動するかを確認し、庭やベランダの掃除も忘れずに。

引っ越し当日に手違いがあるといけませんので、決済日の前日までには家が空になるよう、余裕をみたスケジューリングが大事です。捨てるものは少しずつ捨て、引越し費用を抑えたいなら、不要になった家具なども、どんどん粗大ゴミに出してしまいましょう。

決済日に必要書類を忘れると、引き渡しができない

決済では大きなお金が動くことから、買主がローンを組む金融機関の契約室がよく使われます。不動産会社の担当者、司法書士、売主さんがローンを組んでいた金融機関の担当者、買主が住宅ローンを組む金融機関の担当者が立ち会います。さまざまな書類が必要ですので、忘れものをしないよう気をつけましょう。権利証を忘れた、間違った印鑑を持ってきたということになると、所有権の移転ができず、物件の引き渡しもできません。

まず買主さんが住宅ローンの手続きをし、そのお金で売主さんへの支払いを

完了します。また、売主さんが納めたその年の固定資産税のうち、決済日以降の分を買主負担として清算します。売主さんに住宅ローンが残っている場合、受け取ったお金で速やかにローンを完済すると、抵当権は抹消され、司法書士が所有権移転登記を完了させます。

その後、不動産会社に仲介手数料を支払い、重要事項確認書や鍵を買主さんに渡します。ついでに、町内会長さんの連絡先やゴミ出しの場所、マンションなら郵便受けの番号などをメモ書きにして一緒に渡してあげると、喜んでもらえるでしょう。これで決済は終了です。

決済日に必要な書類など

① 本人確認書類
② 登記済権利証（登記識別情報通知）
③ 固定資産税等納付通知書
④ 抵当権抹消書類

決済日は物件を引き渡す日であることがほとんどなので、買主と話し合い、確実に引き渡せる日を決済日に定めることが重要

⑤実印と印鑑証明書
⑥住民票または戸籍の附票
⑦分譲時のパンフレット、管理規約、備品や設備の説明書、引き継ぎ可能なマンション分譲時の瑕疵保険の案内など
⑧通帳・銀行印
⑨売却物件の鍵

物件引き渡し後3カ月は、契約不適合責任に注意する

火災保険や地震保険は、フライングで解約すると、たとえ数日でも無保険状態になってしまいますので、決済直後に解約するのが賢明だと思います。

売却物件の付帯設備の故障などについては、引き渡し7日以内に請求を受けたものに限って、売主の責任で修復することになります。同じく引き渡しから3カ月は、契約不適合（瑕疵担保）責任に関する請求を受ける可能性もあります。いきなり連絡がきても慌てないよう、心づもりはしておきましょう。

それ以外で、たとえば電気がつかないとか、設備の使い方がわからないとか、仲介会社や買主さんから問い合わせがあったら、快く対応するようにしましょう。みんなが一斉に新しい生活を始める新築分譲と違って、買主さんは、すでにできあがっているコミュニティーに入っていくことになります。不安が減るよう少し協力するだけで、ずいぶん心証が良くなるでしょう。買主さんが喜んでくれるのは、売主さんにとってもよいことです。

まとめ

- **売買契約書は隅々までよく読む**
- **決済日に必要な書類は早めに手配し、忘れず持参**
- **契約不適合（瑕疵担保）責任や設備修復義務の期間も重要**

マンション分譲時にもらったパンフレット類には、設備や保安などに関する案内も載っているので、新しい入居者に渡しましょう

Column

土地の売却には境界標と測量図が必要

査定の際に**測量図**があると、土地の正確な面積や形状がわかり、正確な評価がしやすくなります。測量図にはいくつか種類がありますが、土地と戸建て住宅の売買には、必ずといってよいほど測量図が必要になります。

土地の境界には、コンクリートや金属で作った**境界標**（境界杭）が設置されていますが、長い年月の間になくなってしまい、土地の正確な範囲が、あやふやになっていることがよくあります。土地の価格は面積に比例しますから、面積を左右する境界は極めて重要です。そこで測量をし、隣接する土地の所有者全員の立ち会いの下で境界を確定。売買のケースにより、全員が署名捺印《なついん》した**確定測量図**を作ります。損壊紛失した境界標も、正しい位置に設置し直します。

測量は土地家屋調査士や測量士などの有資格者に依頼して行います。公道に面している場合は市区町村など行政との合意が必要なので、確定測量には非常に時間がかかります。担当者に相談のうえ、必要であれば、早めに手配したほうがよいでしょう。確定測量をすることで、自信をもって売買価格の交渉ができますし、ご近所との境界線論争や、未来の買主さんとのトラブルも未然に防げるのですから、早めにやっておいて損はありません。

Chapter

3

売るべきタイミングと販売活動中の注意点

1 売却のタイミングを見極める

資産価値から見たベストタイミングは、築10年から15年の間

不動産の売りどきを判断する要素として、不動産市況と物件の築年数があります。一般の方が不動産市況を正確に読むのはかなり難しいので、こちらは信頼のおける不動産会社のプロに相談するほうが確かでしょう。一方、物件の築年数は、売主さん自身が売りどきを判断するための、よりわかりやすい指標といえます。

住宅は入手したその日から、建物価値が下がっていきます。一番価値が高い

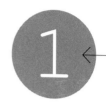

のは言うまでもなく新築時ですが、人が住んで1、2年たつと、早くも評価は下がり、築15年目くらいを境に、さらに大きく価値を落とします。したがって、築年数をもとに物件自体の資産価値を考えると、築15年を迎える前後がひとつの節目。売却のベストタイミングとしては、「築10年から15年の間」が目安となります。特に戸建て住宅では、築20年を経過すると、建物の価値がゼロ評価になってしまうことがありますので、気をつけてください。

5年を超えてから売るほうが、税率面では有利になる

不動産を売って利益がでた場合、譲渡所得税と住民税、および東日本大震災の復興財源に繰り入れる復興特別所得税がかかります。税率は、売却年の1月1日時点で、その不動産を何年保有していたかをもとにして計算されます（163ページ参照）。

▲
築20年を超える物件が売れないわけではない。新しい物件に比べ、価格が手頃な中古住宅がよいという買手もいる

保有期間が5年以下の場合は、譲渡所得の39・63％
（所得税30％＋復興特別所得税0・63％＋住民税9％）
保有期間5年超なら、譲渡所得の20・315％
（所得税15％＋復興特別所得税0・315％＋住民税5％）

見てのとおり、税率は5年を境に大きく変わりますので、所有期間が5年を超えての売却は、税金面からは得だといえます。最適な売却時期を考えるうえで、決定的な要素というわけではありませんが、判断材料のひとつとして知っておくとよいでしょう。

1年のうちでは1月から3月が売りどき

不動産売買では1年という単位のなかにも、売却のベストタイミングが存在します。1年のうちで家やマンションが売りやすいのは、ズバリ、1月から3月です。就職・転職、転勤、子どもの学校の新学期と、年度替わりの4月を前に引っ越す人が多いためで、不動産業に携わる私たちが、年間で一番忙しくなる時期です。

事情が許すのであれば、短期間で買手が見つかりやすいこの時期に照準を合わせて、売却準備をするのがお勧めです。

まとめ

- **最適な売りどきは、市況と築年数で判断する**
- **税金面では保有期間5年超が有利**
- **年間では1月から3月がベストシーズン**

Column

時間がたっても価値が下がらない不動産とは？

不動産の価値は、築年数が長くなるほど下がっていきますが、例外もあります。たとえば誰もが「あそこは一等地」と認め、住んでみたいと憧れる町やエリアにある高級マンションなどは、古くなっても人気が高く、あまり値段が下がりません。そのエリアがもつ高級感やステータスが、そのまま不動産の資産価値にも投影されているかのようです。

ごく一般的な町でも、大きな公園に面したマンションなどは、将来にわたって日当たりや景観が遮《さえぎ》られる心配がなく、価値が下がりにくい物件といえるでしょう。また、交通や買い物の便が、暮らしやすさのバロメーターとして高く評価されることから、複数の路線が乗り入れる駅の周辺や、大型商業施設に近い物件も、価値は安定しています。

最近は過疎化と空き家の問題が深刻ですが、人口減少の影響が少ない町では、不動産に対する需要と供給のバランスは比較的よく、不動産の価値が保たれやすい傾向にあります。さらに、天然温泉が利用できるといった特色や、地盤の堅牢《けんろう》さなど自然災害に強い立地も、しばしば不動産の価値を維持する要因となりますので、住み替えの際には参考にしてみてください。

2 売り先行か、買い先行か

「売り先行」では、仮住まいが必要になることもある

住み替えを考え始めると必ず突き当たるのが、「いまの家を売るのと、新しい家を買うのと、どちらを先に進めるべきか」、あるいは、「住んだまま売るか、引っ越してから売るか」という悩ましい問題です。

住み替えを検討する人の多くは、いま住んでいる家のローンがまだ残っています。このため、まず家を売って、そのお金でローンの残りを一括返済し、それから住宅ローンを組み直して新しい家を買う、という流れをとるのが一般的です。

売り先行では落ち着いて家の売却に臨めるので、買手との交渉にもじっくり取り組めます。確定した売却価格をもとに、資金計画を立てやすいというメリットもあります。

ただし売買契約が成立したら、引き渡し日までに物件から確実に退去できるよう、速やかに住み替え先を決めなくてはなりません。間に合うように新居が確保できないと、仮住まいが必要になることもありますから、引き渡し日の調整を含めて担当者とよく相談しておきましょう。新居の購入契約は急がないまでも、物件探しはある程度早い時期から心掛けておくと安心です。

売り先行のメリットとデメリット

メリット	売却価格がはっきりしてから新居を探すので、資金計画が立てやすい
	売り急ぐ必要がないので、価格交渉を有利に進めやすい
デメリット	仮住まいが必要となることがあり、その分の家賃や引っ越し代がかさむ
	新居探しが慌ただしくなる可能性が高い

「買い先行」では資金計画に注意を

次の住まいをしっかり確保してから、いま住んでいる家を売却します。新居探しにたっぷり時間がかけられますし、いま住んでいる家を引き払う時点で、すでに次の住まいが決まっているという安心感が得られます。

難しいのは、売却のタイミングです。いま住んでいる家のローンが完済していない場合は、売却したお金で残りのローンを支払ったうえで、新居のローンを組むことになりますが、なかなか買い手がつかないと資金の予定が立ちませ

買い先行のメリットとデメリット

メリット	落ち着いてじっくり新居を探せる
	仮住まいの必要がない。引っ越しも一度ですむ
デメリット	二重ローン、住み替え（買い替え）ローンを組む場合の負担が大きい
	売却を急ぎ、買いたたかれやすい
	売却がうまくいかないと、契約した新居を諦めなくてはならないことも

ん。新居はもう決めてしまっているので、安く叩かれても売らざるを得なくなったり、場合によっては新居の購入をキャンセルする事態もあり得ます。

ローン完済と新居購入に使える「住み替えローン」

売却する住まいの住宅ローンを完済していれば、新居購入のためのローンを新しく組むことができます。前のローンが残っていても、不動産の売却代金で残債を一括返済すれば大丈夫です。

ところが実際には、売却代金がローン残債に満たないことが、少なからずあります。残債があると抵当権を抹消できず、売買契約自体が成立しません。そこで自己資金で補塡《ほてん》してローンを完済するわけですが、それも難しい場合は、銀行によっては**「住み替えローン」**というものが使える場合があります。

「住み替えローン」とは、家を売却しても住宅ローンが完済できないときに限って、残債分と新居の購入資金を、まとめて借りられるローンです。

新居購入の際、所定期限までに所有物件が売れなければ、契約を白紙解約できるという、「買い替え特約」が使える場合もある

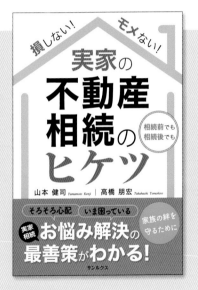

・自宅を売却しても、ローンが残る人　➡　住み替えローンが使えます
・自宅を売却してローン完済できる人　➡　住み替えローンは使えません

住み替えに便利なローンですが、「**住まいの売却日と、新居の購入日を同日にしなければならない**」という条件がつく場合があります。住み替えローンの利用を検討するのであれば、うまく日程を合わせられるかどうか、不動産会社の担当者に早い段階で相談する必要があります。

まとめ

▲売り先行では引き渡し日までに新居を確保
▲買い先行は資金繰りがカギ

3 売り出し情報を広く宣伝しているかチェックする

販売活動成功の決め手は、いかに効果的な宣伝ができるか

不動産会社による物件の販売活動には、レインズへの登録、広告の作成、内覧（物件の見学）対応などが含まれますが、その中心は、いかに効果的な宣伝広告を行って、不動産を探している人々に的確にアプローチするかです。

宣伝広告には、チラシ、住宅情報誌への掲載、看板、ネットサイトにスマホ広告とさまざまな方法があり、不動産会社の担当者はこれらを組み合わせて、身近なところから不特定多数にまで情報を拡散していきます。

たとえばまず、自社の顧客リストから、興味をもちそうな顧客にダイレクト

メールを送り、物件の周辺地域ではポスティングや新聞への折り込み広告。インターネットでも情報を公開して、より広い範囲から買いたい人を募るという具合です。

販売活動を担う営業担当者が、あなたのためにベストを尽くしてくれるよう、担当者からただ報告を受けるだけでなく、売主も販売活動の進捗には常に注意を払いましょう。特に、不特定多数に情報を届けることができるインターネットは、現代の不動産販売に不可欠なツールです。それを不動産会社の担当者が使いこなして、効率のよい販売活動を展開しているか、こまめにょう

売り出し情報は広く宣伝する必要がある

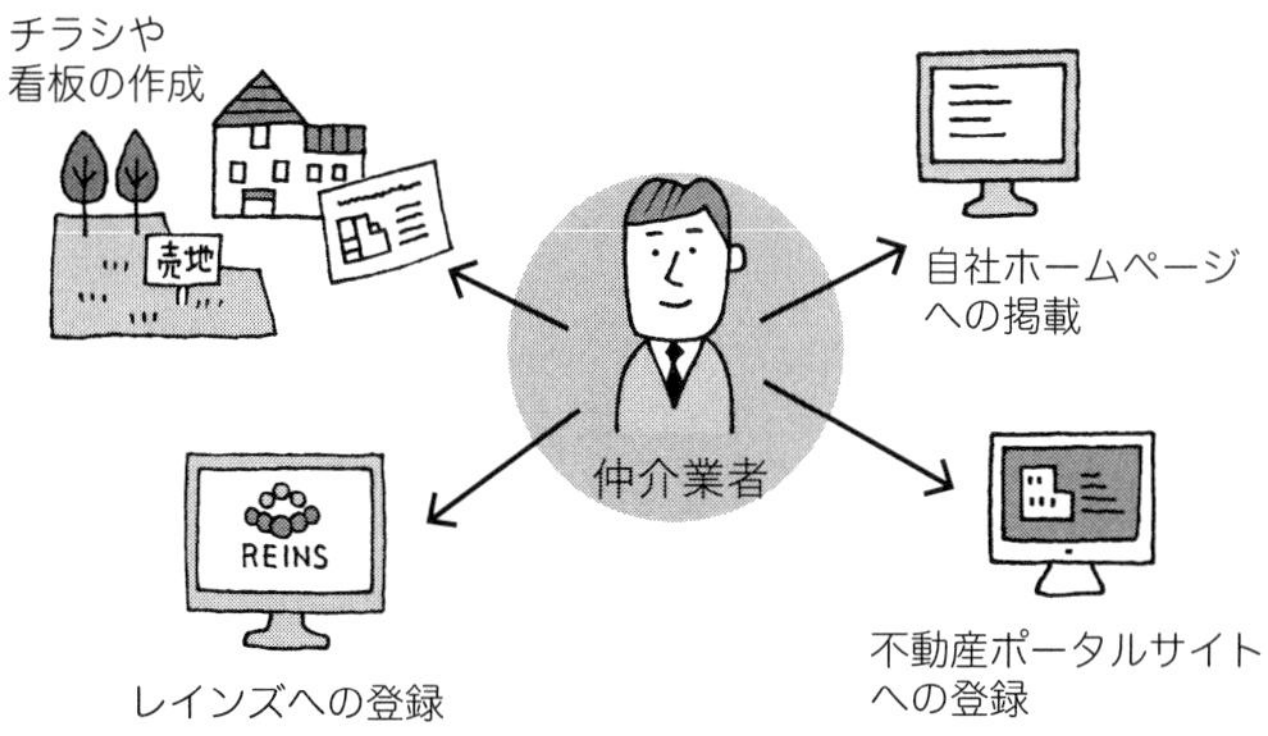

すを聞いて確認してください。

不動産ポータルサイトは、もっとも注目すべき宣伝媒体

不動産売買におけるインターネットの活用には、大きく分けて3種類ありま
す。ひとつはみなさんもうお馴染《なじ》みの「レインズ」、もうひとつは「自社サイトでの広告」、そして「不動産ポータルサイト」です。
最近は全世代的に、ポータルサイトで物件を探す人がとても多いので、そこに情報が載ることは非常に効果があります。もはや欠くことのできない販促手段だといえるでしょう。

私の会社も自社でお客さまを募集する際は、ポータルサイトを利用していま
す。また、私たちは情報の囲い込みをしないため、ほかの不動産会社もポータルサイトや、各不動産会社のホームページにどんどん情報を載せてくれます。その結果、主要なポータルサイトをきちんと押さえ、より多くの人に物件情報を見てもらうことができるのです。この仕組みを知ったうえで、営業

担当者がポータルサイトを有効利用しているかを確かめましょう。

掲載中の物件情報は、必ず売主もチェックする

あなたが売り出した不動産の情報は、どのポータルサイトに、どのような形で掲載されていますか？　はっきりわからなければ、すぐ担当者に確認しましょう。必ず売主さん自身がサイトを見て、情報掲載に不備がないかチェックすることも重要です。

売り出し価格その他の物件情報に、間違いはありませんか？　掲載されている情報量は、今のままで十分でしょうか？　買手の立場になって見たとき、もっと知りたい情報はありませんか？

物件の写真は、実物を見てみたくなるような、明るく魅力的なものが使われていますか？　写真の印象が悪いのは致命的です。そもそもお客さまの目を引きませんし、まるで購買意欲をそそりません。担当者に指摘をして、もっとよい写真に差し換えるなど、速やかに適切な対応をとってもらいましょう。

販売活動全般に共通した注意点です。

ネット以外の販売活動にも手を抜かせない

インターネットでの宣伝には、ひとつ弱点があります。関心があって自ら情報を探している人でないと、目に触れにくいことです。家を売りに出していることを、あまり近所に知られたくないといった売主さんには、好都合かもしれませんが、そうでなければ、チラシや新聞折り込みを使ったオーソドックスな広告活動で、ネット宣伝の弱点を補完する必要があります。

物件によっては、比較的年齢が高い層に向くものもありますから、スマホやパソコンとあまり縁がない方たちの目にも、情報が確実に届くよう、担当者に頼んでください。住宅情報誌は、時間があるときにじっくりと、物件情報を比較検討したいお客さまに合っています。周辺地域に集中的に宣伝するには、新聞への折り込み広告や、ポスティングも有効です。

こうした方法を総動員して、ターゲット層への物件の露出を確保することが成約への道ですから、担当者には絶対に手を抜いてもらうわけにいきません。
売主さんも気づいたことは遠慮なく指摘し、不明点はその都度確認するなどして、担当者の販売活動を応援していただくとよいと思います。

まとめ

- **担当者による販売活動の中心は広告宣伝**
- **ネットでの宣伝を確実に行なってもらう**
- **宣伝広告は売主自身が必ず見てチェックする**

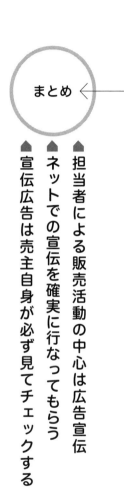

4 売れなければ販売活動を軌道修正する

問い合わせが入らない？買手の視点も踏まえて原因を探そう

売り出した物件にいつ買手がつくか、確実なことは誰にも言えません。本当にすぐ購入希望者が見つかる場合もありますし、数カ月たっても見つからない場合もあります。

販売活動に力を入れているのに、ひと月たっても問い合わせすら入らない、内覧に来る人はいるのに購入申し込みがないといった場合、どこかで何かが間違っているのかもしれません。担当者から送られてくる販売活動報告も参考にして課題をあぶり出し、至急対策を練る必要があります。

中古物件を探している人は多くの場合、築年数、価格、立地などを重視して検討をします。通勤通学の便や環境はどうか。あまり古い建物は避けたい。反対に、建物の状態さえよければ、築年数にはさほどこだわらない。同じような条件ならできるだけ安い物件を、価格が同じくらいなら、できるだけ条件のよい物件を選びたいなど、お客さまの選択基準はとてもシビアで明快です。売手側としても、お客さまの厳しい視点から、販売戦略を見直してみることがまず必要です。

適切な価格設定はできているか

売り出し価格を決める際、近隣地域の相場も確認しているはずですが、もしかしたら必要以上に強気の価格設定をしているかもしれません。再度、自分の物件とよく似た条件の物件の、取引価格を確かめてみましょう。相場より高すぎた値段を引き下げるべきか、それとも設定した額に見合う物件だと、お

専任か専属専任で媒介契約を結んでいる場合、営業担当者から定期的に提出される報告書で、販売活動の状況が把握できる

客さまを説得できるだけの魅力をもっと打ち出すべきか。その金額を算定した根拠もしっかり確認したうえで、担当者と打ち合わせて対策を講じていきましょう。

中古マンションの購入検討者は、売り出している部屋の価格だけでなく、管理費や修繕積立金にかかる費用も含めて、総合的に検討している可能性があります。そうした点も考慮して、価格が妥当か確認してください。

物件の魅力を伝えきれているか

広告用写真がよくない、提供している情報が足りないという問題がありませんか。

どんより曇った空の下、ボサボサの庭木越しにたたずむ色褪《いろあ》せた戸建て住宅。どこかガランと侘《わび》しく見える、マンションのリビングルーム。そういう写真を見て、購買意欲を搔《か》きたてられる人はまずいません。

担当者のお尻を叩いて、天気のよい日を選んで明るく魅力的な写真を撮影し直すなど、すぐに改善にかかりましょう。物件内のできるだけ多くの場所を写真で見られるほうが、内覧にもつながりやすくなります。

情報不足という点では、住んでいるからこそわかる物件の良さを、もう一度担当者に伝えてください。そのうえで、具体的にどういう情報をプラスすれば物件の魅力が伝わるか、改めて担当者と相談します。

そもそも存在を知られていない、という悲劇

不動産ポータルサイトで物件を探すお客さまは、そこに情報が出ていなければ、あなたの物件が売りに出されていること自体、知ることができません。問い合わせが来ないのも当たり前です。どうなっているのか、担当者に状況を確認してください。

媒介契約をしている不動産会社が囲い込みをやっていれば、レインズ上でも情報の拡散が阻害されています。レインズサイトで自分の物件の「取引状況」を見てみましょう（70ページ参照）。

売れないとき、相場を参考に価格設定を再検証することは大事。しかし値下げは慎重に。一度下げた価格を元に戻すことは難しい

取引状況には、「公開中」「書面による購入申込みあり」「売主都合で一時紹介停止中」の3とおりがあり、買いたい人を募集しているときは「公開中」となります。公開中なのに問い合わせが来ないとしたら、囲い込みの可能性があります。また、取引状況が「購入申込みあり」になっているのに、営業担当者から何の報告もない場合、この〝購入申込み〟は他社を排除するためのウソです。ただちに担当者に説明を求め、是正してもらいましょう。

不誠実な業者のためにチャンスを逃すようなことが、あってはなりません。合理的な説明や改善がない場合は、媒介契約の解除も検討すべきです。

まとめ

- **売れない原因は買手目線で探る**
- **価格設定や物件の見せ方を見直す**
- **囲い込みをされていないか確認する**

Column

インスペクション（建物検査）は受けたほうが売りやすい

インスペクションとは、住宅の安全性や劣化の状態などを、専門家が目視と機械計測で調べる建物検査です。義務ではありませんが買主さんから要求されることもあり、購入申し込みが入った時点や、売買契約前によく行われます。

検査を受けることで、知りたくなかった瑕疵や、使えるけれどもあまり調子がよくない設備や備品の状態が、あらわになることがあります。見つかった不具合を隠して売却することはできません。売買契約の前に補修をするか、軽微な瑕疵なら購入希望者に告知をして売却プロセスに進むか、どちらが有利か担当者に相談して決めましょう。インスペクションをクリアした部分については、問題がないことがはっきりしますから、インスペクションを受けておくことで、売りやすくなることは間違いありません。

不動産会社のインスペクション・サービスでは、その不動産会社を通して不動産を買わないと、インスペクションの保証が受けられないことがあります。これも囲い込みの一種ですので、条件をよく聞いて利用を検討してください。なお瑕疵保険に加入を希望する場合は、担当者に相談をして、保険加入に必要な建物検査を受けるようにしましょう。

5

内覧では「幸せのイメージ」を伝える

広く、明るく、きれいに見せる準備をしよう

住まいの購入を検討する際、お客さまは必ず内覧を申し込んできます。内覧でお客さまに知ってもらうべきことは、あなたの物件に対する「幸せのイメージ」です。この物件に住んだら、きっとすてきな生活ができる、そう内覧者に思ってもらうことが目標です。

そのために、部屋から水回り、ベランダや庭まで、しっかりと掃除をします。クローゼットや押し入れも、すべて見せるのが内覧の原則です。余計なものは片づけて、窓ガラスを磨き、壁、天井、照明器具や網戸などの埃《ほこり》や汚れも、

きれいさっぱり落とします。これだけで、部屋は広く明るく見えるはずです。壁紙の破れや穴、床の傷、網戸やふすまの破れなど、簡単にできる補修はしておきましょう。すぐに直せない場合は、あとでトラブルにならないよう、内覧者に正直に話すことも大事です。

マンションでは、エントランスや共用部分も忘れずに点検を。散らかっていたり、照明が切れていたりしたら、管理会社に頼んで処理してもらいます。引っ越し準備もかねて、少しずつ家財道具の整理や、掃除を進めると無理がありません。

分譲時のパンフレットを渡すと喜ばれる

内覧希望があると、不動産会社から売主さんに連絡が入ります。日時はできるだけ、相手の都合に合わせるようにしましょう。

当日の準備として、住宅展示場ほど凝った演出をする必要はありませんが、お客さまを歓迎する気持ちを込めて、花やグリーンを飾ってもよいですね。昼

住んでいる人が案外気づかないのが、住まいのにおい。においが付きやすいカーテンやクッションは洗い、玄関や排水溝は丁寧に掃除を

間でも照明は全部つけて、できるだけ明るくし、換気と室温にも気をつけてください。

たいていの場合、不動産会社の担当者が内覧者をお連れして、家の中を案内しながら、室内を見せていきます。売主さんも少し下がって歩き、いつでも質問に答えられるようにしておきましょう。

もし分譲時のパンフレットがあれば、内覧者に渡してください。事前に担当者に頼んでコピーを作っておくと便利です。パンフレットには物件の詳細情報が書かれていますから、その場では要点だけお話しして、「物件のパンフ

内覧はあるのに申し込みに至らないときは、後日、内覧者の反応や感想を営業担当者からよく聞いて、改善の余地があれば改善する

レットのコピーを差し上げますので、後ほどゆっくりご覧ください」と言うと感じがよいですし、取引が成功する可能性も高くなります。

まとめ

- 物件の魅力が伝わるよう、掃除は念入りに
- 内覧者に求められたら隅々まですべて見せる
- 案内は営業担当がするが、売主も立ち会う

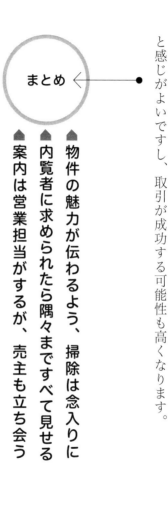

Column

内覧者からの契約に影響する質問には、その場で答えない

物件の住み心地や、学校、病院、商店の場所など、地域での暮らしに関することは、実際にそこで生活をしている売主さんから、内覧者がぜひ聞きたいと思っていることです。こうした質問には丁寧に答えましょう。

一方、「このエアコンは残してもらえますか？」といった、契約内容に関わってくる質問には要注意です。雰囲気に流されて、うっかり「わかりました」、「考えてみます」などと答えてしまうと、相手はそれを条件に入れて購入を検討し、あとでトラブルになることがありますから気をつけましょう。

どうしても何か答えなくてはならない場合は、「この場では何とも言えません」くらいにとどめ、、あとは営業担当者に任せてください。値下げ交渉をしてくる内覧者の対応も同様です。内覧者からの質問を交通整理して、専門的な質問に答え、売主さんが答えづらいことを代弁し、その場で判断できないことを預かるのは、営業担当者の仕事です。

内覧者がほかの不動産会社の紹介だと、その会社の担当者が同行します。その際に売主さん側の担当者が立ち会わないことがありますが、それでは専任媒介契約している意味がありません。責任をもって立ち会ってもらいましょう。

6 誰にいくらで売るかを決定する

購入申込書を見て、条件交渉に入るか、断るかを決める

購入希望者が現れると、不動産会社の担当者から、電話、メール、訪問のいずれかの方法で、「あなたの不動産を買いたい方から連絡がありましたよ」と報告が入ります。胸が弾む瞬間ですが、「売却先が決まった！」と喜ぶには早いです。まだ売却が確約されたわけではありません。

まずは売主として、購入希望者から提出される**購入申込書**をチェックしましょう。購入申込書は、**買付証明書**と呼ばれることもあります。特に決まった書式はありませんが、購入希望価格以外にも、重要な内容が含まれています。

後日、売買条件として協議すべき内容や、売買契約書に反映される内容も多いので、購入申込書の段階から、注意深く吟味しておきましょう。

そのうえで、条件交渉に進むか、申し込みを断るかを判断します。特に気をつけるべき項目には、次のようなものがあります。

●購入希望金額

売り出し価格より低い金額が書かれている場合は、購入希望者が指値《さしね》（値下げ要求）をしているということです。売主さんの希望価格以下なら、もう少し上げるよう価格交渉に入ります。あまりにも法外な値引き要求なら断ることもできます。査定価格より10％も低い価格だとしたら、交渉に時間をかけても、契約成立に至る可能性は低いです。

●手付金の金額

売買契約締結後に手付金を放棄することで、契約は解除できてしまいますから、売買金額の5％を下回る金額が書かれていたら、手付金の値上げを交渉

取引でよく出てくる「指値」とは、購入希望者が指定する購入価格のこと。「500万円指値する」のように値下げ要求の意味もある

する必要があります。

●ローン利用の有無と借入金額

ほとんどの買主さんが住宅ローンを利用しますが、購入申込書を提出した時点では、ローン利用はまだ確約されていません。支払いに関する重要項目ですので、もう少し詳しく後述します。

●売買契約締結予定日

買主さんの希望時期で、購入申し込みの日から、3～10日後くらいの日付を書く方が多いです。条件交渉の日数も必要ですが、理想としては購入申し込みから10日以内、遅くとも2週間以内の契約締結を目指しましょう。

●引き渡し予定日

いつ物件を引き渡すかは、最も重要な項目のひとつです。売主さんにも買主さんにも都合があるので、しばしば交渉が難航します。特に売主さんが住み替えをする場合は、引き渡しの猶予についても話し合うことになります。

その購入希望者さん、住宅ローンの事前審査は済んでいる?

購入申込書には、購入資金として利用するローンの有無、借り入れ予定金額、借り入れ予定銀行も記載されています。しかし、その購入希望者が、本当にローンを利用できるかどうか(代金を支払う能力があるかどうか)は、まだわかりません。

住宅ローンの審査には、事前審査と本審査の2段階があり、ふつうは売買契約前に事前審査を受け、売買契約を締結したのち本審査に臨みます。そこで購入希望者の多くは、「ローン特約あり」で申し込みをしてきます。万一、審査に落ちて住宅ローンが利用できない場合は、売買契約を白紙解約できるという特約です。

事前審査を無事通過した人は、9割以上の確率で本審査にも通過し、ローン

購入申込書のチェックリスト

すべて「はい」なら、安全な交渉相手だと判断できます。

確認事項	はい	いいえ
購入希望金額は査定価格の100%以上か		
手付金は購入価格の５％以上か		
買主のローンの事前審査は完了している		
ネット銀行の事前審査ではない		
事前審査はフラット35の「留保」回答ではない		
契約予定日が2週間以内になっている		
残代金支払日・引き渡し予定日は履行可能な日程になっている		
引き渡し日（および引き渡し猶予などの条件）が考慮されている		
その他条件の内容を確認して問題ない		
その他条件に解約に関わる事項があるが、履行できる可能性が高い		

を組むことができます。一方、事前審査を受けていない相手との交渉や契約は、かなりリスキーです。結局支払い能力がないことがわかったり、そのせいで売買契約が白紙解約になる危険もあります。

購入申込書を受け取ったら、「この方は、ローンの事前審査は通過していますか？」と、必ず担当者に聞きましょう。答えがイエスなら、交渉を始めてもよいでしょう。そうでなければ、審査を受けていただくほうが先です。

なお、ネット銀行の事前審査は個人信用情報の確認なしで行うため、いわゆる〝ブラックリスト〟に載っている人でも、簡単に事前審査を通過できてしまいます。フラット35の事前審査も、「留保」という曖昧な回答が出る場合があるので、この2つの場合は注意してください。

価格、期日、諸条件の3要素を考え売却を決断する

不動産売却で覚えておきたい売却決断の公式は、**①価格×②期日×③諸条件**です。〈価格〉は、3つの要素のなかで最重要です。買主との交渉で、でき

る限り高額での売却を目指しましょう。

次に重要なのが〈期日〉です。売主さんの新居の完成予定が半年後なのに、3カ月後の引き渡しを要求されても、ふつうは無理です。しかし、売却代金を新居の代金に充てなければならないとか、半年以内にこの物件を売却しないと、税金特例が利用できないといった事情がある場合、間違いなく売れるという確実性を優先して、3カ月後の引き渡しに応じることもあるでしょう。

このように〈期日〉は、あなたの事情次第で、売却の決断に大きく影響します。

最後に〈諸条件〉です。たとえば売主さんが新居で使おうと思っていた家具を、置いていってほしいと要求された場合、どう判断するか。あるいは、一定条件をクリアしないと、解約になるおそれがある特約つきの契約は、進めるべきか否か。確実性の判断が難しいケースもありますが、3要素のバランスを踏まえて判断することが重要です。

下限価格を押さえて、売値を交渉しよう

誰に、どのタイミングで売却するか、正しい判断をするためには、査定金額、つまり下限価格を押さえておきます。査定価格を把握していれば、その乖離《かいり》率を目安に、価格面での落としどころを冷静に判断し、交渉に臨んだり、売却したりすることができます。

・**査定価格の100%**なら、一般の買主に間違いなく売却できるでしょう。これが下限価格です。
・査定価格の103〜105%は、売却に応じてよい通常の成約価格帯です。
・**査定価格の105〜108%**なら、一般的な不動産では好条件価格帯です。
・**査定価格の110%以上**は、角地・角部屋・滅多に出ない立地など、条件によっては実現可能な価格帯です。

実際の交渉に当てはめてみましょう。

査定価格２７００万円の物件を、３千万円で売り出しました。ところが買いたいという人からの購入希望価格は、２５００万円です。

売主さんが売却に応じてもＯＫな価格帯は、査定価格の１０３～１０５％。金額にして２７８１万円から２８３５万円くらいです。この線を押さえたうえで、まずはより高価格での成約を狙い、２９１６万円前後（査定価格の１０８％）まで歩み寄ってもらえないかと、買主に打診します。そこから折り合える価格を探っていきますが、査定金額を押さえておくことで、現在時点の適正最大価格での売却を実現することができます。

ただし、このキャッチボールは、２回までにしておきましょう。３回以上の往復交渉を行うと、逆に決裂してしまうケースが多く見受けられます。大金をめぐるやりとりのなかで、互いに不信感が増してしまうのかもしれませんね。不動産取引はギャンブルではありません。交渉自体にのめりこんでしまうのは危険です。

ローンの確実性が高く、より良い価格・条件を提示した人のなかから、あなたにとって負担となる条件がない買主を選ぶとよい

まとめ

- 購入申込書はしっかり読む
- ローン事前審査に通過している相手を選ぶ
- 査定価格を下限に価格交渉に臨む

Column

購入申し込みが先か後かは関係ない

自宅マンションを5千万円で売りに出したところ、同日にAさんとBさん2組の内覧があり、直後にAさんから、購入価格4900万円の購入申込書が提出されました。数日後、今度はBさんから、5千万円の購入申込書が届きました。先に申し込んだAさんを断るのは、失礼でしょうか?

不動産業界用語に、「番手」という言葉があります。この場合はAさんが「1番手」で、Bさんは「2番手」です。1番手のAさんには、優先的な交渉権がありますが、最終的に売却先を決めるのは売主さんですから、2番手のBさんに売却することは可能です。ただ、両者の価格以外の条件が同じなら、5千万円でのオファーがあることを伝えて、Aさんに購入希望価格の再検討をうながすほうが親切です。Aさんが検討した結果、やはり5千万円まで値が上がらなければ、誠実に筋を通したうえで、Bさんへの売却が実現できます。申し込みの順番は順番として、価格、条件、融質の確実性(事前審査に通過済みか)などを比較し、あなたにとってベストな買手を選ぶことが大切です。

番手の判定は不動産会社が行いますが、悪い業者にあたると、自社顧客を1番手として優先する囲い込みが起きる場合もあるので、注意してください。

7 売らずに賃貸に出すという選択肢

　ここまで読み進めたところで、家を売ろうか、いや、手放さずに貸したほうがいいかと、まだ迷っている方がいるかもしれません。住宅ローンが残っている住宅やマンションを、賃貸に出すことは基本的にできません。自己居住用として融資を受けているのですから、その物件を他人に貸すのはローン契約違反です。

　不動産というのは賃貸に出すとその時点で、居住用ではなく**投資用の物件（収益物件）**とみなされます。すると将来、その家を今度は本当に売ろうと思ったとき、とても売りにくい物件になってしまいます。投資用物件に住宅ローンは使えず、買手は現金で支払うか、金利の高い不動産投資ローンを利用しなくてはならないからです。

それでも自宅を合法的に賃貸に出す方法はあります。ひとつは**定期借家契約**、もうひとつは**フラット35**を利用している場合です。

同じ家に戻る予定なら、「定期借家契約」で賃貸できる

海外など遠隔地への転勤や、親の介護といったやむを得ない事情で、一時的に自宅を離れなくてはならない場合、いずれ今の家に戻ってくるつもりであれば、**定期借家契約**という形で、留守の間だけ期間限定で人に家を貸すことができます。

かつては自宅をいったん人に貸すと、入居者の権利を保護するために、契約更新を断ることができませんでした。どうしても退去してほしければ、高い立ち退き料を支払わなければならないなど、オーナー側に厳しい制約があったのです。

平成12（2000）年に「定期借家権」ができてからは、契約期間が終了す

れば、確実に住まいを明け渡してもらえるようになりました。ただし、定期借家契約では、契約の更新はできませんし、予定より早く家に戻ることになった場合も、期間満了前なので、家を明け渡してもらえるとは限りません。

定期借家契約による賃貸料は、相場より安く設定されることが多いです。住宅ローン控除が受けられなくなるほか、金融機関によってはローンの金利が引き上げられることもあります。賃貸の条件は金融機関により異なりますので、借入先に相談のうえ、進めましょう。

フラット35では自宅の賃貸も可能

フラット35は、住宅金融支援機構と民間金融機関が提携して提供する、最長35年の全期間固定金利住宅ローンです。

このフラット35で自宅として家やマンションを購入し、やむを得ない事情で居住できなくなった場合、途中からその物件を賃貸に出すことが可能です。住所変更届を提出するだけで、住宅ローンを組んだまま自分は転居し、家賃収

居住用物件を賃貸に出すと、以降は投資用物件となる。住宅ローンが使えなくなるため、将来、売りにくくなるというリスクを知っておこう

入をローンの返済に充てることもできます。

これに目をつけて、「フラット35で住宅を買って、賃貸に出すと儲かりますよ」と、勧めてくる業者もいますが、はじめから投資目的でフラット35でローンを組むことは違法です。よく考えずに言うなりになってしまうと、将来、本当に自分が住むための物件を買おうとしたとき、フラット35はもう使用済みで使えないことになりますから、慎重に検討してください。

まとめ

- **原則、住宅ローンが残る物件は賃貸できない**
- **例外は定期借家契約とフラット35**

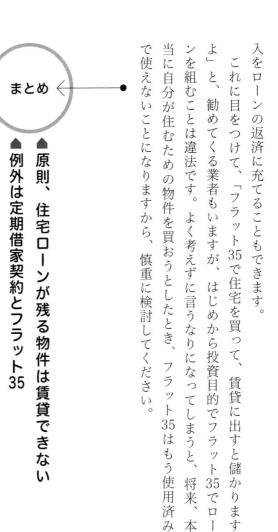

Column

ネガティブな情報も伝えることがトラブル回避の基本

売主さんにお願いしたいのは、物件についてわかっている問題点や欠陥は、私たち仲介会社に包み隠さず教えていただきたいということです。販売活動を行っていくうえで、買主さんに正確な情報を伝える必要があるからです。問題点があると査定価格や販売価格が下がってしまうのではないか、そう心配する気持ちはよくわかります。けれども、あなたの不動産を買った方は、そこに実際に住むことになるわけですから、欠陥だろうと何だろうと、遅かれ早かれ見つかってしまいます。

ネガティブな情報、ネガティブな事実を隠していると、重要な交渉の場面や契約後に、大きなトラブルに発展する場合があります。またとない条件で申し込みが入った後で、隠していた欠陥が発覚すれば、購入希望者からの信頼は失われ、成約に至ることはないでしょう。売買契約締結後に発覚した場合は、莫大《ばくだい》な損害賠償を請求されることもあり、リスク大です。

建物の不具合なら修繕の実施、権利などに関わることなら関係者との調整と、問題点さえわかっていれば仲介会社が迅速に動き、対処・解決できることもあるのです。気になることは、どうぞ率直に相談してください。

Chapter

4

物件の種類で売り方は変わる

1

物件の種類で異なる売却時の注意点や特徴を知ろう

マンション、戸建て、土地。ひと口に不動産売却といっても、どういう種類の物件を売るのかで、売却する際の注意点は変わってきます。物件の種別によって、購入希望者が注目する事項や期待することが違えば、売主さんがアピールすべきポイントも少しずつ違います。的確な購買者層にアプローチし、スムーズに成約を決めるためには、それぞれの物件タイプに強い不動産仲介業者を選択することも大切です。こうしたさまざまな観点から、主な物件の種類ごとにポイントを押さえておきましょう。

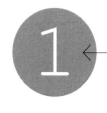

1 中古マンションを売る

Point! 建物全体の重要事項確認のため、総会議事録を保管しておく

中古マンションの購入検討者のなかには、階下への騒音を気にせず生活したいという方もいますから、必ずしも上の階が高く売れ、下層階は安くなるということはありません。新規分譲と違い、住戸のコンディションには個別格差があるため、部屋のコンディションがよければ、下層階でも高く売れる可能性があります。

中古マンションは売買取引のプロセスも、戸建て・土地ほど複雑ではありません。そのためしばしば、比較的経験値の浅い担当者が配置される場合があります。若手だからこそ売主さんのために人一倍がんばって成果を上げることもありますが、はじめからベテランの担当者を望むなら、査定を依頼するときに、仲介会社に希望を伝えておきましょう。

売買の際は、マンション全体の状態にも注意を払う必要があります。ある売

中古マンションに関心がある人は、価格が手頃、建物に大きな欠陥が表れにくいなど、戸建て住宅より買いやすい印象をもっている

主さんは、バイク駐車スペースが条件のお客さまに対して、専用の置き場があるから心配ないと説明しました。ところが総会議事録を確認したところ、バイク置き場は廃止が決まっていたのです。売主さんは忙しくて議事録をよく読んでいなかったため、そのことを知りませんでした。

総会の議事録には、マンション全体に関する重要な事項が記載されています。できれば直近3年分の総会議事録を保管しておき、不動産業者に渡すようにしましょう。

2 タワーマンションを売る

Point! 充実した共用部分をアピール。仲介業者の手数料値引きには注意する

タワーマンションは分譲会社が大手であることが多く、そのステイタス性から価格が高額になる傾向があります。不動産会社からすると、高額な取引ほ

ど手数料収入も多いため、何がなんでも媒介契約（売却委任）を取り付けたい物件です。手数料値引きで契約を取ろうとしてきますが、手数料の安さで仲介会社を選ぶと、値引いた分の手数料を両手仲介で回収しようと「囲い込み」が始まりかねません。ご注意ください。

タワーマンションには、国内外の投資家による投資用不動産としてのニーズもあります。また、共用部分が充実していることが多いので、この点も積極的にアピールすべきです。海や富士山が見える、夜景が素晴らしいなどもセールスポイントですが、その眺望を遮《さえぎ》る

建築計画がある場合は、購入希望者への告知が必要です。遮るものがない高層階では、北向きでも十分な採光が得られることが多く、逆に南向きでは直射日光が暑すぎるなど、夏場の販売には不向きな場合もあります。高層階のプレミアム住戸は、安売りをせずに勝負ができます。査定に際しては、担当者が一般住戸とプレミアム住戸の成約事例を混同していないか、注意してください。

社会を騒がせた免震ダンパー偽装や、杭工事のデータ偽装問題が、まだ記憶に新しいというお客さまもおられますので、調査結果など信用材料となる資料が手元にあれば、不動産会社に提出してください。

3 戸建てを売る

Point! 建物に関する調査実績や、保証制度をもつ会社を選択する

戸建て住宅は物件ごとの個別性が高く、その評価における不動産仲介会社の

調査能力の違いが、売買価格に大きく反映します。できるだけ、戸建て住宅の売買の経験豊富な担当者をつけてもらいましょう。

戸建て住宅には、木造であれば、経年劣化の早さ、雨漏り、地面下の配管の劣化といったリスクがあり、そのリスク範囲の大きさから、購入者目線に立つと、将来の維持管理費が高額につくという印象があります。そこで重要になるのが、建物に関する調査・保証の有無で、建物調査の実績と保証制度がある会社に媒介を依頼するほうが、売却価格と成約率の向上が見込めます。

建築時もしくは取得時の、建物の設計図書や構造計算書は、購入者の安心材料です。住宅メーカーが建築した戸建てであれば、数年おきの定期点検の資料も合わせて開示してください。住宅メーカーによる建物の保証は、次の購入者に引き継ぎができることもあります。

▲
戸建て住宅では、庭が利用できる、駐車場代が不要、管理費や修繕積立金がない、大型ペットが飼えるといったところに魅力を感じる人が多い

4 土地を売る

Point! その土地に住まうイメージを伝え、購入意欲を後押しする

人が土地を買う理由は、たいていは建物を建てて住むためですから、その土地に住むイメージを伝える力のある、不動産仲介会社を選ぶことが重要です。販売用の図面には、土地面積に応じた家屋の参考間取り図も掲載してもらいましょう。それだけで建築可能な建物の大きさが想像でき、見た人が前向きに購入を検討する可能性が高くなります。ほかにも成約率を上げる有効な手段として、次のような販売活動や、提案をしてくれる会社を選んでください。

- 現地に販売看板を設置してくれる
- 地中埋設物調査や地盤調査の提案をしてくれる
- 見栄えがよく見えるように、樹木の剪定《せんてい》を提案してくれる
- 住宅展示場へ土地の資料を持ち込んで、宣伝をしてくれる

住宅購入時、「耐震基準適合証明書発行のための検査」を求める買主が増えている。適合住宅には、減税措置や税金控除が適用される

（展示場には建築用地を探しているお客さまも多い）

・隣接地に購入の打診をしてくれる
（隣地所有者への売却では、高く売れる傾向がある）

測量は完了しているか、前面道路が私道の場合は、通行や配管工事の承諾は得てあるか、塀、植栽、配管など、隣接地とトラブルになりそうなことはないかなど、買手が困らないための対策も必要です。購入検討者の購買意欲や希望価格に大きく影響しますので、担当者に早めに対処してもらいましょう。

まとめ

▲売り方のポイントは物件の種類によって異なる
▲それぞれに、用意すべき書類や資料がある
▲その物件を得意とする仲介会社を選ぶ

2 相続物件の売却では、複数相続人の意見の取りまとめにも配慮する

売り急がせる業者、買い取りに誘導する業者に要注意

相続した不動産を売却する場合は、各種税金優遇が受けられることがあります。不動産の知識と合わせて、税金に関する知識が十分ある担当者をつけてもらうようにしましょう。

たとえば、不動産を相続したときの相続税のうちの一定額を、取得費に加算できる「取得費加算の特例」は、相続開始の日の翌日から、3年10カ月以内の売却が条件です。このように、特例の適応には、売却までの期限が決められていることが少なくありません。

そうした期限が迫っている、あるいは相続物件に居住していない売主さんで、その家の勝手がよくわかっていないといった場合、状況に乗じて、安く、都合よく、売却させようという不動産業者を散見します。

よくある例が、相続した不動産の室内に残された故人の持ち物を前に、「そのまますべて引き取ってくれるので、手間がかかりませんよ」と、低価格での業者買い取りを持ちかけるケースです。

残置物は自分で撤去業者に依頼することもできます。空室にして一般市場で高く売却できるなら、迷わずその方法を選択すべきです。

不動産の名義を変更し、全員に売却条件の合意を得ておこう

相続には複数の相続人が関わることが多く、故人が残した不動産の扱いについても、相続人全員の意見統一が必須となります。複数の相続人で共有する方法や不動産所有者の名義を亡くなった方から代表相続人に変更する方法で、

不動産会社に依頼して売却手続きを行います。売却経費概算の際に必要となりますので、故人が不動産を購入した当時の売買契約書を探しておいてください。

いくらまでなら売却してよいかという線は、あらかじめ相続人全員で話し合って決めておきましょう。全員の合意をとっておかないと、先々もめ事になることがありますし、よい売却条件の購入希望者が現れても、意見がそろわず売却機会を逃す可能性があります。

相続物件の売却では、複数相続人の意見の統一が欠かせない

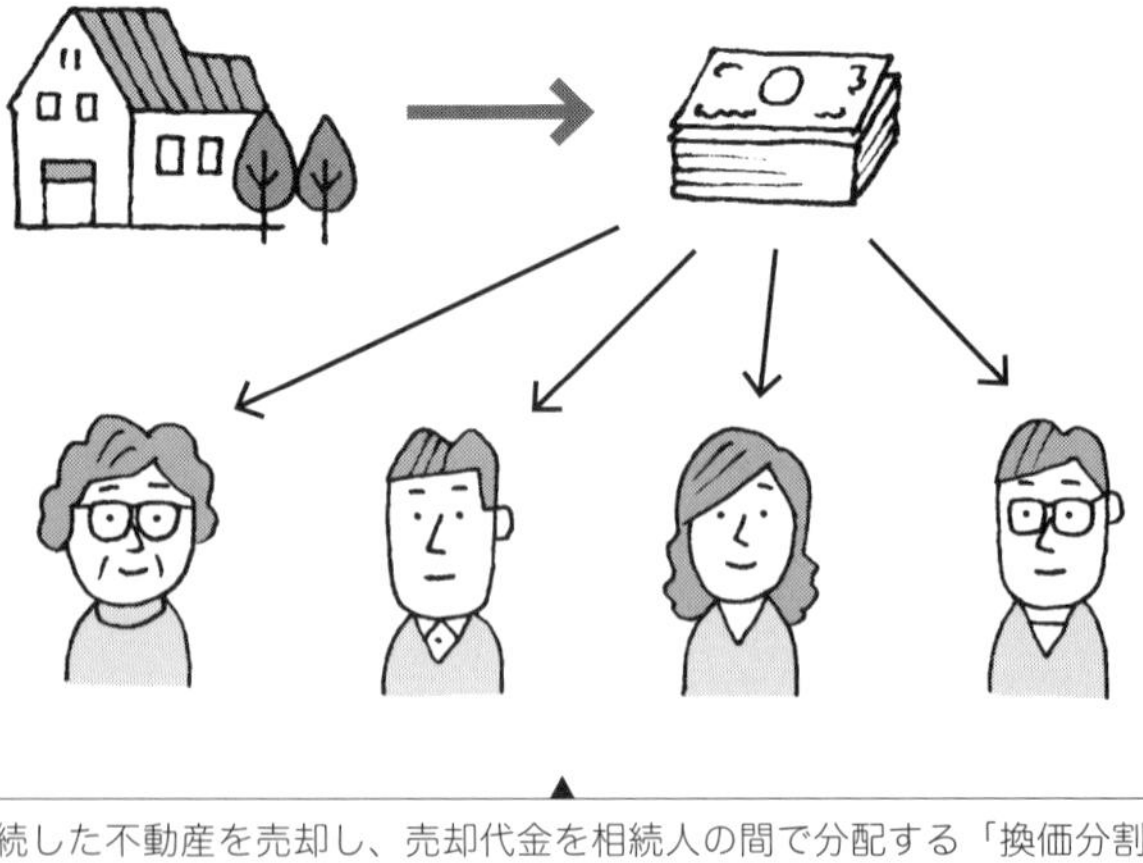

相続した不動産を売却し、売却代金を相続人の間で分配する「換価分割」は、お金で明確に分割でき、トラブルになるリスクが少ない

後見人として親の不動産を売るときも、複数の会社に相談を

相続で取得した不動産や、認知症などで自己判断ができない親御さんの不動産を売る方が、いきなり不動産会社に相談するというケースは、ほとんどないと思います。大多数の方は、認知症の後見人制度や介護サービスの手続き、あるいは相続の手続きのついでに、税理士、司法書士、弁護士、取引銀行などに相談をするのではないでしょうか。

ここで注意すべきなのが、こうした士業の先生や銀行から紹介を受けた不動産業者に、そのまま不動産の売却を依頼するケースが、たいへん多いことです。先生がたや銀行の担当者は、信頼に足る素晴らしい人たちかもしれませんが、紹介される不動産業者まで素晴らしいとは限りません。

実のところ、士業の先生や銀行の信頼を借りて媒介契約を取り付け、お客さまの不安や知識不足をよいことに、安く、早く、自分たちに都合よく、売却完了してしまうケースが数多くみられます。手玉に取られて損をしないよう、

複数の不動産仲介会社に相談するという不動産売買の鉄則は、どんなときでも忘れないでください。

まとめ

▲相続不動産の売却時には税金の知識が役立つ
▲複数の相続人がいる場合は、意見調整が重要
▲必ず複数の不動産仲介業者に相談する

3 売却が難しそうな物件でも、売れる可能性は意外にある

「売れないんじゃないかな」と、売主さんが思うような物件でも、意外に一般売却の可能性はあります。勧められるまま安い業者買い取りに出す前に、まず一般市場で売却することを考えましょう。

❶ 大きな土地

不動産会社に相談をすると、「大きすぎる土地は、一般の人には売れないですよ。不動産会社に下取ってもらいましょう」と、言われることが多いと思います。しかし地域によっては、そのエリアの一般的な住宅区画より少し大きいくらいの土地なら、欲しい人がいるかもしれません。300平米以上の

不動産については、事業資産を買い替える目的で、税金の特例を使って購入する人が出てくる可能性があります。あるいは、相続税対策でアパートが欲しい、一棟マンションを建てたいという方もいるはずです。

経験のある担当者であれば、周辺の環境、土地の広さや形状などを総合的に見て、住宅用地として適していないか、ほかの用途でもっと評価が上がる可能性はないかなど、真剣に検討してくれます。

2 違反建築

違反建築とは、建築基準法をはじめとする法例や条件を満たしていない不動産のことです。土地面積の何パーセントまでなら一階部分を建ててもよいという、建ぺい率の定めを越えて建ててしまった建物は、違反建築の代表例です。

「違反建築だから売れない」とよく言うのは、金融機関の融資がつきにくいことが主な原因です。実際は、ある程度までなら住宅ローンが使える金融機関がありますので、多少評価は下がっても売ることはできます。ただし、違反の度合いが目に余る場合は、建物を取り壊して、土地として売ったほうが

建ぺい率は、建物を真上から見たときに、敷地面積に占める建物の割合。
容積率は、敷地面積に対する建物の最大延べ床面積の割合

よいケースもあります。

販売するときは違反建築であることを告知し、興味をもってくれたお客さまには、融資が受けられる金融機関の情報を、営業担当者から伝えてもらいます。また、将来、行政から違反の是正命令が出る可能性もありますから、そうしたリスクも正直に、購入希望者に説明しましょう。

3 既存不適格建築物

建物が建った後で道路の拡幅工事が行われ、敷地が削られた結果、建ぺい率をオーバーしてしまっている。このように不可抗力で法令の規定から外れてしまったのが、既存不適格建築物です。以前は高い建物を建ててもよかった地域なのに、その後規定が変わって、高い建物は建てられなくなった場合、そこにいま建っている高い建物は既存不適格です。

既存不適格物件は、違反建築と似ているようで、不可抗力によるという点で全く別物です。違反建築と違い、既存不適格では住宅ローンも問題なく通るケースが多くあります。

4 再建築不可

敷地が建築基準法上の道路に接していない場合、あるいは、建築基準法上の道路に接する長さが2メートルに満たない場合、その敷地には家を建てることができません。これが再建築不可です。

ただし、交通、安全、防火、衛生上、支障がないとして、特定行政庁※が許可した場合は、建物を建てることができます。また、隣接する土地の所有者に購入してもらう、あるいは、道路と接する長さが足りない分の土地を譲っていただくなど、隣地の持ち主との交渉によって売却する方法もあります。こうした交渉を厭《いと》わず行う不動産会社がよい会社です。

考えられるアプローチをすべて試してもだめなら、再建築はできません。それでも建築確認を必要としないリフォームは可能ですから、そのまま自分が住み続けたり、投資用物件として販売したりといった方法があります。

5 事故物件

事故物件とは、自殺、殺人など人が亡くなる事件や、火災、犯罪などの事件

※特定行政庁　建築主事を置く市町村、または都道府県の行政機関のこと。建築確認申請や違法建築物に対する措置を管轄する

があった不動産のことです。評価が下がる原因は、ひとえに心理的嫌悪感で、物件自体の価値がなくなってしまうわけではありません。実際に、ハウスクリーニングやリフォームをしてから売りに出す、大幅に値引きして売る、人々の記憶が薄れるまで待ってから売る、戸建て住宅なら更地にして売る、最終手段として買い取り業者に売るなど、売り方はいろいろあります。

マンションの場合、事件や事故があった住戸の売却は、やはりそう簡単ではありませんが、マンション全体の価格は全く変わらず、ほとんどの場合、事故物件以外の住戸は問題なく売れます。

事故物件を売る場合は、その旨を購入希望者に告知する義務があります。自然死は不動産評価にほとんど影響しませんが、それでもその物件において人が亡くなっていれば、告示義務は生じます。老衰で安らかに息を引き取った場合でも、闘病生活の末に自宅で家族に看取られて旅立った場合でも同じです。

告知義務を怠って売却すると、事実がわかったとき、多額の賠償金を請求される場合があります。たとえ何十年前のできごとでも、知っている限りのことは不動産会社に話して、相談するようにしましょう。

まとめ

- どんな物件でも売却のチャンスはある
- わけあり物件には告知義務がつきもの

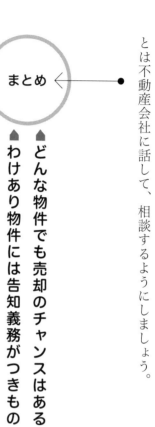

4 売主事情のある物件売却は、営業担当者への説明から

物件自体ではなく、所有者の事情や契約関係に問題があるケースでは、不動産仲介会社の営業担当者が、状況を正確に把握しておくことが、何よりも重要です。的確なサポートができるよう、まずは売主さんの事情を詳しく説明してください。ここではよくある2つの例を紹介します。

❶ 任意売却

物件の所有者が、もし途中で住宅ローンを払えなくなると、物件は差し押さえられ、競売にかけられてしまいます。任意売却は、この流れが避けられる選択肢です。ローンが滞納していて、なおかつ、物件を売却しても債務が残

る場合、不動産仲介業者が間に入って金融機関との調整をはかることで、所有者は物件を一般売却に出すことができます。強制的に競売で処分されるのではなく、所有者の意思で売ることができるので任意売却と呼ばれます。

任意売却なら高く売れる可能性がありますし、売買契約の契約日や、物件の引き渡し日についても、ある程度希望を提示することが可能です。物件を売却しても完済できなかったローンの残りは、その後も返済し続けなくてはなりませんが、任意売却によって、多少なりとも残債を圧縮できるわけです。

こうした手段がありますので、ローン返済で困っている方は、ためらわず営業担当者に話してください。担当者は状況を理解したうえで、売却の戦略を立てていきます。

2 サブリース契約付きオーナーチェンジマンションの売却

所有する賃貸借物件を、入居者がいる状態のままで売却し、オーナーが代わることをオーナーチェンジといいます。オーナーチェンジマンションは、利回りを表示して売るのですが、このときサブリース契約を結んでいると、そ

▲

特殊物件でも事情があっても、業者買い取りは最後の一手。まずは仲介業者に売却の努力をしてもらうほうが、売却金額が高くなることが多い

れが障害になります。サブリースとは転貸借のことです。

ある不動産会社がオーナーとサブリース契約を結び、月12万円の家賃を入居者から取って、オーナーに10万円を支払っていたとします。オーナーの家賃収入は年間120万円ですから、利回り5％と仮定すると、その物件の価値はおよそ2400万円です。一方、サブリース契約がなければ、家賃収入は毎月12万円で年間144万円。同じ5％の利回りで評価額は2880万円となり、ずっと高く売れます。

高く売りたいなら、サブリースを外してから販売に移るか、外せる保証をとるべきです。しかし不動産会社は借地借家法を主張して、サブリースを外さないことがありますし、サブリースが解除できても手続きに3カ月前後かかることが多いので、不動産仲介会社の担当者と情報を共有し、腰を据えてサポートしてもらいましょう。

まとめ

適切な助言を得るには率直に話すことが必須

正確な状況を伝えて売却方法を相談しよう

Chapter 5

不動産会社は教えてくれない、知らないと損をする税金の話

1 譲渡所得には税金がかかり、確定申告が必要になる

専門家に相談する際も、課税の仕組みを理解しておくと話がスムーズ

不動産を購入した価格よりも高い金額で売却して、**譲渡所得**（利益）が出た場合は税金がかかってきます。分離課税として給与所得などほかの所得とは分けて計算し、年度末には確定申告をする必要があります。譲渡所得がなければ、もちろん課税はされません。

不動産売却後の税金や確定申告については、不動産仲介会社が詳しく説明してくれるとは限りませんし、正確な知識をもっていない営業担当者も多くい

ます。このため、売主さんが、確定申告を前にどうしたらよいのかわからず困るケースや、適用できる特例の存在を知らずに損をしてしまうケースが少なくありません。

実際の確定申告では、税務署の相談窓口か税理士に相談することをお勧めしますが、その場合も基本的な課税の仕組みを理解しておくほうが、専門家の説明がよくわかり、申告手続きを円滑に進められると思います。

課税のベースとなる課税譲渡所得をまず求める

税金がかかるといっても、不動産を5千万円で売却したから、その5千万円に課税されるということではありません。税金がかかるのは、**譲渡価額**（売却価格）から、物件の取得費や譲渡で発生した費用と特別控除を控除した「**課税譲渡所得**」に対してです。

譲渡価額から控除できる取得費や譲渡費用、特別控除には、次のようなものが含まれます。

税額計算には、物件取得時と譲渡時の契約書・領収書類が必要。何百万円と税額が変わることもあるので、相続不動産の書類もしっかり探す

1 取得費

売った土地や建物を買い入れたときの購入代金、建物の建築代金（建物の購入代金・建築代金からは減価償却費相当額を差し引く　166ページ参照）、土地の造成費用や測量費などの合計金額。実際の取得費の金額が譲渡価額の5％に満たない場合は、譲渡価額の5％相当額を取得費として計上することができる。

2 譲渡費用

仲介手数料、印紙税、貸家の売却に際して支払った立ち退き料、建物を取り壊して土地を売った際の取り壊し費用と、その建物の損失額など。

譲渡所得に対する課税の仕組み

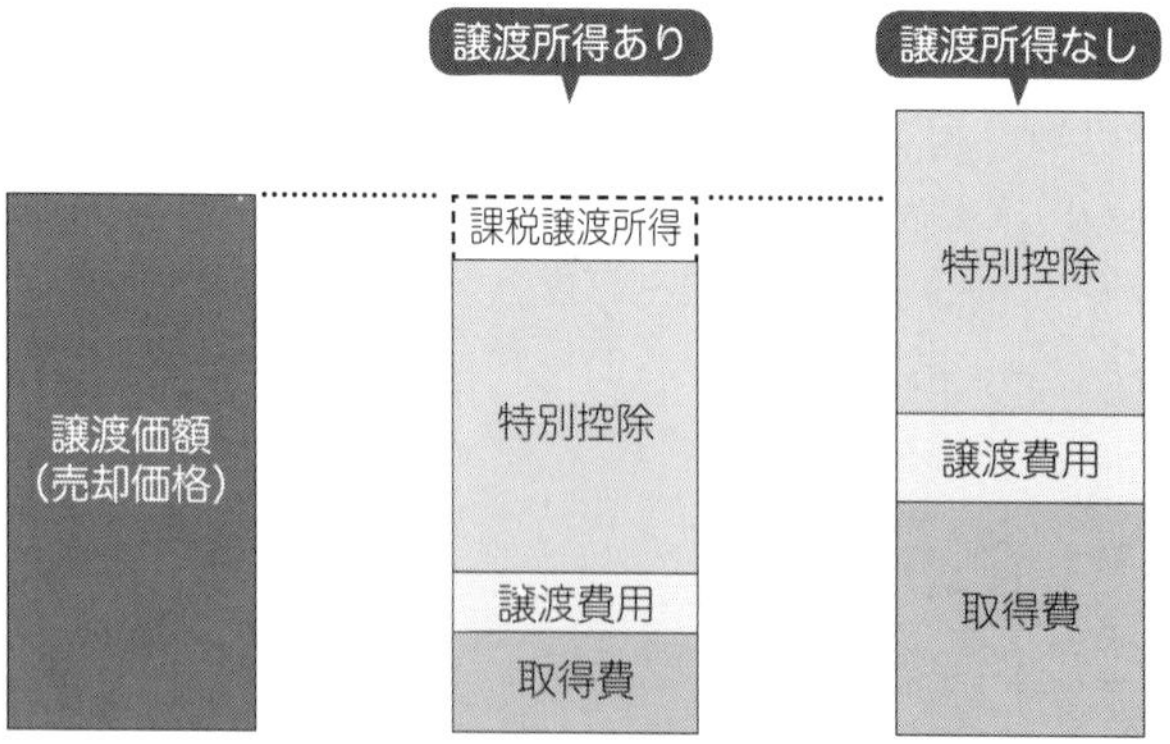

3 特別控除
　自分の住んでいる家屋と土地を売った場合は、最高3千万円を控除できる。
　ほかにも併用可能な特例等があれば活用する。

取得費の計算法は2種類。金額が大きくなるほうを使う

　取得費等が大きければ大きいほど課税譲渡所得は小さくなりますから、税金を抑えるうえで有利になります。取得費を求めるには2つの方法がありますので、金額が大きくなるほうを選ぶようにしましょう。

　取得費を求める方法のひとつは実額法で、不動産取得時の契約書や領収書などを根拠に、実際に支払った**実額取得費**を求めます。もうひとつは概算法で、「譲渡収入金額×5％」を**概算取得費**とします。不動産取得時の書類がなくて実額取得費が不明な場合、または実額取得費より概算取得費のほうが大きい場合は、概算法を使用してください。今より貨幣価値が低かった時代に取得

した不動産では、購入価格100万円などということもあります。そうしたケースでは概算取得費を用いるほうが有利です。

税率は不動産の所有期間で変わるので注意しよう

不動産の売却利益がでたとき、実際にかかってくる税金は、復興特別所得税※を含む所得税（国税）と住民税（地方税）ですが、税率は売主さんがその不動産をどのくらいの期間所有していたかにより変わってきます。

居住用住宅を例にとってみましょう。所有期間が**5年以下であれば短期譲渡所得に区分され、税率は39・63％。5年超なら長期譲渡所得となり税率は20・315％**です（いずれも所得税と住民税の合計）。

また、所有期間が10年を超える居住用住宅では、**課税譲渡所得6千万円以下の部分については軽減税率が設定**されています。詳しくは次ページの税率表をご覧ください。

ここでいう所有期間とは、「不動産取得の日から、譲渡日が属する年の1月

※復興特別所得税　東日本大震災の復興に必要な財源確保を目的に、平成25（2013）年に導入された

譲渡所得税率

	所有期間		
長短区分	短期譲渡所得	長期譲渡所得	
期間	5年以下	5年超	10年超所有軽減税率の特例
居住用	39.63% ・所得税※30.63% ・住民税9%	20.315% ・所得税15.315% ・住民税5%	①課税譲渡所得 6千万円以下の部分 14.21% ・所得税10.21% ・住民税4% ②課税譲渡所得 6千万円超の部分 20.315% ・所得税15.315% ・住民税5%
非居住用	39.63% ・所得税30.63% ・住民税9%	20.315% ・所得税15.315% ・住民税5%	

※所得税には復興特別所得税が含まれます

1日まで」です。不動産取得の日から譲渡の日まではありませんので、注意してください。

所有期間は、「**不動産取得後、何回お正月を迎えたか**」と考えると、わかりやすいでしょう。取得日から5年超はお正月を6回以上、10年超なら11回以上迎えていることになります。長期譲渡所得のほうが、短期譲渡所得より税率が低くなりますので、実際の所有期間が分岐点付近という方は特に、この判定を間違わないよう気をつけましょう。

不動産の取得日と譲渡日は、契約日（売買契約を締結した日）か、物件（鍵）の引き渡し日かを選べます。所有期間が長くなるように選択してください。

まとめ

- 取得費や譲渡費用を控除した課税譲渡所得に課税
- 不動産の所有期間は、取得後の正月の回数で数える

Column

取得費からは減価償却費を差し引く

3千万円で購入した木造のマイホームを所有している方が、10年後にその家を同じ3千万円で売却したとします。こういうケースでは、譲渡所得がないので非課税と思っている方が多いのですが、残念ながらその認識は間違いです。

建物は10年間の間に一定の劣化をしており、建物の取得費は、その劣化分を差し引いた金額としなければなりません。この建物の劣化分に相当する金額を〝**減価償却費**〟といいます。

建物の法定耐用年数は構造ごとに決まっており、減価償却費はこの法定耐用年数をもとに算出します。**定額法**では非事業用の建物の耐用年数は、事業用建物の1・5倍です。木造のマイホームやセカンドハウスなら、耐用年数は33年で、償却率は0・031。（鉄骨）鉄筋コンクリートであれば、耐用年数70年で償却率0・015などのように、減価償却率も決められています。

住宅用建物の減価償却費の計算方法には、毎年同額を減価償却する前出の「定額法」と、毎年同率を減価償却する「**定率法**」の2種類の方法があります。年数により計算が複雑になりますので、必要に応じて税務署や税理士に相談し、正しい減価償却費、そして取得費を計算するようにしましょう。

2 マイホームを売るなら活用を検討すべき4つの特例

特別控除の条件は、所有者自身がそこに住んでいたこと

次に特別控除についてお話しします。マイホームの売却については課税が緩和できるよう、次の４つの特別控除や特例が用意されています。特別控除の金額が大きいほど、支払う税額は少なくてすみます。特例を受ける条件は、売却した物件が、**所有者本人が生活の拠点として利用していた居住用財産**であること。実際には税務署や税理士に相談することをお勧めしますが、**不動産購入当時の契約書や領収書が必要**になりますので、そろえておきましょう。

①居住用不動産を譲渡した場合の3千万円特別控除

マイホーム売却の際、所有期間の長短に関係なく、譲渡所得から最高3千万円まで控除される特例です。ただし譲渡の前年、前々年にこの特例を適用している場合は使えません。②の10年超所有軽減税率を除いて、ほかの特例や、住み替え用の物件を購入する際の**住宅ローン控除との併用もできません**。

②10年超所有軽減税率の特例

「3千万円特別控除」の適用があり、マイホームの所有期間が10年を超えたもの（取得後にお正月を11回迎えている）である場合には、長期譲渡所得の税額より低い軽減税率が適用可能です。①の**3千万円の特別控除とも併用できるため、大きな節税効果**が期待できます。譲渡所得6千万円までの部分については軽減税率14・21％（所得税10・21％、住民税4％）、6千万円を超える部分は通常の長期譲渡の場合と同税率となります（163ページ参照）。

③居住用財産の買い換え等の場合の、譲渡損失の損益通算及び繰越控除の特例

古い物件を売ったときの3千万円特別控除と、新しい物件を購入するための住宅ローン控除は併用できない。買い換えの際には注意しよう

所有期間5年を超える（取得後にお正月を6回迎えた）マイホームを売却して損失が出た場合、一定の要件を満たすマイホームに買い換えることにより、**譲渡損失をその年のほかの所得と損益通算**して、税金を安くすることができます。**1年で控除しきれなかった損失は、翌年以降3年間繰り越して控除可能**です。この特例を受けるためには、税務署に確定申告しなければなりません。

④特定居住用財産の譲渡損失の損益通算及び繰越控除の特例

所有期間が5年を超える（取得後お正月を6回迎えた）マイホームを売却して損失が出た場合、「譲渡所得の損失金額」と「住宅ローンの残高から売却価額を差し引いた金額」のいずれか少ない金額を限度として、その年のほかの所得と損益通算できます。売却契約締結日の前日時点で、**住宅ローン償還期間が10年以上ある場合に適用**できる特例です。損益通算しても赤字となった金額は、確定申告で翌年以降3年間繰り越して所得から控除できます。

まとめ

- 特例の条件は、自分が暮らしていた家屋であること
- 10年超所有軽減税率と3千万円控除は併用可能
- 譲渡損失は所得と損益通算して節税できる

3 「3千万円特別控除」と「住宅ローン控除」、どちらを選ぶべきか

住宅ローン控除とは、個人が住宅ローンを組んでマイホームを購入した場合などに、入居年以降の所得税が減税される制度です。マイホームを買い換える場合、前の物件の売却に対する**3千万円特別控除と、新しい物件購入の際の住宅ローン控除は併用できません。**どちらを選択するのが有利か、具体的な事例で検証してみましょう。

ここではわかりやすく説明するために、減価償却のプロセスを省いています。実際の中古住宅・マンションの売却では、建物の取得費から減価償却費を差し引いて計算してください（166ページ参照）。

Case 1　3千万円特別控除を受けたほうがよいケース

●マンションを4700万円で購入して4年後に7千万円で売却した。
（取得費は4700万円、譲渡費用は250万円）
●その後個人の売主から中古マンションを7500万円で購入した。
頭金1千万円、住宅ローン借入6500万円。（借入期間10年以上）

＊住宅ローン控除は、年40万円の最大控除が受けられるものとする
＊購入したマンションは認定住宅ではないものとする

①3千万円特別控除を適用した場合の税額
売却価格7千万円 − 取得費4700万円 − 譲渡費用250万円
＝課税譲渡所得2050万円　3千万円より低いため課税なし

②住宅ローン控除を適用した場合の税額
(a) 課税譲渡所得2050万円 × 短期譲渡税率39・63%
＝812万4150円

認定住宅とは、耐久性、耐震性、省エネ性能などの措置が講じられている住宅。都道府県知事または市町村長が認定する

(b) 住宅ローン控除総額40万円 × 10年 ＝ 400万円
812万4150円(a) － 400万円(b) ＝ 412万4150円

判定

①0円 ＜ ②412万4150円のため、3千万円特別控除を適用するほうが有利

Case 2 住宅ローン控除を受けたほうがよいケース

●マンションを5900万円で購入して8年後に7千万円で売却した。
（取得費は5900万円、譲渡費用は250万円）
●その後個人の売主から中古マンションを7500万円で購入した。
頭金1千万円、住宅ローン借入6500万円（借入期間10年以上）

＊住宅ローン控除は、年40万円の最大控除が受けられるものとする
＊購入したマンションは認定住宅ではないものとする

①3千万円特別控除を適用した場合の税額

売却価格7千万円－取得費5900万円－譲渡費用250万円

＝課税譲渡所得850万円　3千万円より低いため課税なし

②住宅ローン控除を適用した場合の税額

(a)課税譲渡所得850万円×長期譲渡税率20・315%＝

172万6775円

(b)住宅ローン控除総額40万円×10年＝400万円

172万6775円(a)－400万円(b)＝▲227万3225円

判定

①0円＞②▲227万3225円のため、住宅ローン控除を適用するほうが有利

計算上ではこのような判定になりますが、住宅ローンの控除額は年収（所得税・住民税の額）によるため、ずっと年収が下がらない保証がない限り、確定的な見通しが立たない面があります。３千万円特別控除と住宅ローン控除のどちらを利用するか、将来の働き方や家族構成なども考えて、負担の少ない選択をするようにしましょう。

まとめ

- どちらが有利かはケースバイケース
- 実際に試算をしてみて考える

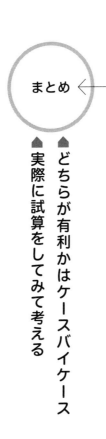

4 これも知っておきたい、空き家や土地売却で使える特例

マイホーム以外にも不動産を売却した人が使える特例があります。ここでは2つの特例を紹介します。不動産会社の担当者が知らなかった、もしくは教えてくれなかったために、節税ができなかったケースが多々ありますので、今のうちに目を通してみてください。

1 相続空き家の3千万円特別控除

Point1 条件は、耐震リフォーム化または更地にして売ること

相続した空き家を、平成28（2016）年4月1日から令和5（2023）

年12月31日までの間に売却する場合、家屋に耐震リフォームを施して売却するか、家屋を解体して更地で売却することで、最大3千万円までの控除が受けられます。それも相続人それぞれ3千万円の特別控除の適用が可能です。ひとりで代表相続してしまい、適用枠が最小にならないよう、相続人全員が適正な相続持ち分になるように手続きをしましょう。

Point2 ほかにも満たすべき要件を確認する

この特例は、適用要件が少々複雑です。不動産の売却前、もしくは相続登記を行う前に、不動産仲介会社に詳しい説明を求め、相続人全員がよく内容を理解したうえで準備をしてください。「相続空き家の3千万円特別控除」を受けるための主な要件・注意点は、次のとおりです。

- 故人の居住用家屋とその敷地などを、相続や遺贈で取得した
- 昭和56（1981）年5月31日以前に建築された建物である
- マンションなど、区分所有建物登記がされている建物ではない

・相続日から3年が経過する日が属する年の、12月31日までに譲渡
・譲渡価格は1億円以下
・相続の開始直前に、故人以外の人が居住していなかった家屋である
・譲渡相手は、直系血族、生計同一親族、同族会社ではない
・住宅ローン控除と重複適用が可能
・故人が老人ホーム等に入所していた場合は、要介護認定を受けていたまたは本人の荷物があるなど、入所中も家屋が使用されていた
・相続時から譲渡時まで、事業、貸し付け、居住用に利用していない
・譲渡時点で、建物が現行の耐震基準に適合しているか、更地にしている

Point 3 **更地にするなら、売却先が決まってから**

大多数の方は、「建物を取り壊して売却」を実施することになりますが、販売開始後の早い時期に建物を取り壊してしまうと、その費用を先出ししなくてはなりません。しかも更地にすることで、固定資産税は最大約6倍と増額

特例のなかには適用期限付きのものもある。今現在、自分が恩恵を受けられるものはないか、売却の前に仲介会社の担当者に確認してみよう

してしまいます。

そこで家屋はそのままに、販売図面上は「現状古家あり解体後更地渡し」という表記で売りに出します。売却先が決まってから建物を取り壊せば、増税リスクも回避できます。

2 土地の1千万円特別控除

Point1 **平成21（2009）年から22年に取得した土地に適用**

これもうっかり見逃しがちな特例です。平成21年または22年に取得した土地の譲渡では、要件を満たせば譲渡所得控除を受けることができます。賃貸していた土地、セカンドハウスの土地、マンションの敷地権部分（土地部分）についても、特例の適用が可能です。ただし、相続、遺贈、贈与、交換などによって取得した土地には適用できません。

Point2 複数の土地は年度をまたいで売るほうが得

対象年に土地を2カ所所購入し、2カ所とも同じ年内に売却した場合、譲渡益の合計が1千万円を超えても、その年の譲渡所得から控除できるのは1千万円までです。反対に、2カ所の土地を違う年に売却すれば、その都度1千万円の特別控除が受けられます。また、共有で取得した土地を売却した場合は、共有者それぞれが1千万円特別控除を受けることができます。

Point3 住宅ローンとの併用が可能

この特例は3千万円特別控除との併用は不可ですが、住宅ローン控除とは併用可能です。「3千万円控除」と「当該1千万円控除＋住宅ローン控除」を比べて選択してください。ほかに次のような要件があります。

・売却する土地は、平成21年1月1日から平成22年12月31日までに取得したものであること
・所有期間5年超（取得からお正月を6回迎えたもの）であること

・譲渡相手が、直系の血族、生計同一親族、同族会社ではないこと
・3千万円特別控除、買い換え特例との重複適用は不可
・住宅ローン控除との重複適用が可能

特例の適用を受けるには、確定申告等の手続きが必要です。紹介した特例等は2023年8月現在のもので、法令の変更、特例等の緩和や適用内容の変更、適用期限の延長や廃止がありえますので、売却前に再度ご確認ください。

まとめ

- **空き家や土地売却の特例は、要件をよく確認する**
- **取得や売却の時期が限定されていることもある**
- **どちらも住宅ローン控除と重複適用可能**

おわりに

2018年10月、私はミライアス株式会社を創業しました。ミライアスの〈ミライ〉は「未来」です。そして〈アス〉は「明日」であり、「お客さまと私たち＝us」です。この社名に込めたのは、「不動産取引を通してお客さまの問題を解決し、未来を、明日を、ともに創造するパートナーであり続けたい」という思いです。私たちは私たちだけで完結する組織ではなく、お客さまと手を携えて、豊かな未来型社会を実現する企業を目指します。

これまでの不動産業界は、この理想とは程遠い世界でした。私も、その現実を身をもって知っています。だからこそ古い殻を打ち破り、お客さまを真の主人公とする不動産取引のスタンダードを、自分たちの手で作ろうと決意したのです。その手段として生まれたのが「スマート仲介」でした。

スマート仲介は個人のお客さまの居住用不動産の売買をお手伝いするための、独自の仲介システムです。「囲い込みのない仕組み」、「プロエージェント」、「売買あんしんサポート」を組み合わせ、お客さまの不動産価値を最大化します。スマート仲介は完全片手型報酬のため、もし弊社が買主さまを見つけても仲介料は倍（両手）になりません。はじめからそういう報酬制度ですから、両手仲介を求める動機がありません。

私たちはまた、高い専門性を身につけ、スマート仲介ではプロの不動産エージェントサービスをすべてのお客さまに提供することを自らに課しています。さらに、ITを活用して不動産取引の透明性を高めながら、業務効率化にも取り組んでいます。時代に先駆けたサービスを提供できるようにするとともに、全社員がプロとしての矜持《きょうじ》を保ち、常にお客さまと同じ方向を向くことができる、誇りをもって働ける環境の実現が重要だと考えるからです。

全国の不動産会社がそれぞれの強みを生かして連携し、売買仲介を行えば、囲い込みも発生せず、売主さまと買主さまをオールジャパンでつなぐことができます。私たちの取り組みは道半ばですが、同じ志を持つ仲間が少しずつ増えています。そうした誠実で、真にプロフェッショナルな不動産エージェントと、みなさまとの幸せな出会いを心から祈念しつつ、結びの言葉といたします。最後までお読みいただき、ありがとうございました。

〔著者紹介〕
山本健司（やまもと・けんじ）

ミライアス株式会社代表取締役　1983年生まれ
法政大学法学部法律学科卒業後、東京都豊島区で50年続く不動産会社の３代目として家業に従事。その後、東急リバブル株式会社に入社し、不動産仲介部門契約件数全国1位を連続受賞。

現東証プライム上場の大手不動産テクノロジー会社に転職すると、最年少マネージャーとして、住宅・投資・開発事業に携わり社長賞を受賞。2018年10月に独立して、ミライアス（株）を創業する。

豊富な経験と知見を活かし、顧客の利益を最優先する「スマート仲介」を打ち出し、売り上げ至上主義や顧客の囲い込みがはびこる不動産業界に、新風を吹き込んだ。

中古住宅・マンションの売却は平均37日以内、売り出し価格と売却価格との乖離率も平均わずか4.5%と、スピーディーかつ好条件の売買実績を積み上げ、顧客の厚い信頼を獲得。本社は渋谷。東京都、神奈川、埼玉、千葉、兵庫県、大阪、京都府内の不動産を扱っているが、紹介が紹介を呼び、日本全国からの問い合わせがひきもきらない。不動産仲介事業のほか、不動産コンサルティング、不動産開発事業、中古不動産買い取り・再販事業も行う。

健全で風通しのよい職場環境の実現を通して、不動産業界の働き方改革にも一石を投じている。

初めてでも損をしない　不動産売却のヒケツ

2020年１月30日　第1刷発行
2024年11月２日　第5刷発行

著　者　山本健司

発行人　海野雅子

発　行　サンルクス株式会社
〒136-0076　東京都江東区南砂 1-20-1-403
電話 03-6326-8946

発　売　サンクチュアリ出版
〒113-0023　東京都文京区向丘 2-14-9
電話 03-5834-2507

印　刷　株式会社シナノ

製　本　有限会社 栄久堂

本文イラスト　江口修平

ISBN978-4-86113-698-6C0033 ¥1500E